学都仙台の近代
高等教育機関とその建築

野村俊一・加藤諭・菅野智則 編

序

野村 俊一

本書が扱うのは、近代の仙台で花開いた高等教育機関の実像と変遷についてである。とくに東北帝国大学の建築と教育に焦点を当て、その成立の背景にまで目配せをしながら、さまざまな学術分野から多角的にあぶり出すことを試みるものである。

舞台は明治期を迎えた仙台。仙台城とその城下町が近代を迎えると、高等教育機関が立て続けに計画されるようになった。仙台の一定エリアにおいて、数多くの教育施設が現れては消え、再編を繰り返しながら変容し続けたのだ。まるで建築と教育の実験を繰り返すかのように、名称や場所を変えながら都市のかたちを変えていった。官立にとどまらず私立の高等機関も、この地で新しい教育のかたちを試行錯誤した。この動きはまず片平を中心に、のちに川内で展開した。

近年、東北大学や東北学院大学の歴史的建造物が、国の文化財として高く評価されるようになった。また、歴代の教育や建築にまつわるさまざまな文物群の学術調査が進められている。本書はこれら近年の学術成果のもと、仙台の高等教育機関とその変容のダイナミズムへと迫るものである。

そのヒントとなる痕跡が、現在のいくつかの大学キャンパスのなかに今も数多く見え隠れしている。その痕跡から、先人達による教育への熱意、仙台の近代化、数多くの新しい建築デザインをいかに読み取ることができるのであろうか。その触媒として、あるいは牽引として本書が役目を果たすのならば、編者としても望外の喜びである。

COLUMN

巻末地図

第1章

――

学都の実験場――片平とその周辺

第1節

明治期片平の高等教育機関とその土地

1 集中する高等教育機関

明治期を迎えた日本。教育分野では新たな人材育成システムが、建築分野では新たなデザインや生活様式が開花した。明治五(1872)年に日本最初の近代学校制度として頒布された「学制」のもと、最初期の小学校の一つとして建てられた「旧開智学校校舎」(長野県松本市・1876年/[1])は、教育と建築の新たな時代の息吹を象徴する代表例の一つである。

新たな時代の気配は明治期の仙台にも訪れた。かつて伊達藩校養賢堂が設置された宮城県は、明治期以降も学問と文化の中心都市の一つとして栄えることになった。明治六(1873)年に東京に次いで仙台と大阪に官立師範学校が開設されたのを手始めに、翌七(1874)年には官立宮城外国語学校が開校し、明治二〇(1887)年に第二高等中学校、同二五(1892)年に宮城県尋常中学校(当初は東華学校校舎を活用)、同三四(1901)年に仙台医学専門学校、同三九(1906)年に仙台高等工業学校と、立て続けに官立の教育機関が設置されていったのだ。

このような状況のもと、明治四〇(1907)年、札幌農学校を母体とした農科大学の設置を皮切りに、3番目の帝国大学として東北帝国大学が創立された。明治四四（1911）年には仙台片平丁を本拠とする東北帝国大学理科大学が開設し、数学科・物理学科・化学科・地質学科が設置されるに至った。

私学も早くから整備された。東華学校（[2]・明治一九（1886）年）・仙台神学校（同年・現東北学院）・宮城女学校（同年・現宮城学院）を皮切りに、尚絅女学校（明治二五（1892）年・現尚絅学院）、仙台女学校（明治二六（1893）年・現仙台白百合学園）など、明治中頃までに複数のミッション・スクールが順次開校した。これらの学校にくわえ教会などを拠点に、数多くの外国人宣教師が仙台に訪れ、教育や布教を展開するようにもなっていた。

とくに片平地区とその周辺は、仙台のなかでも多くの教育機関が集中的に計画されたエリアだった。いわば仙台のカルチエ・ラタンとでも言い得るほど、高等教育機関が集中した地区となったのだ。先に触れた第二高等中学校・仙台医学専門学校・仙台高等工業学校・東北帝国大学といった官立教育機関は、すべて片平丁に計画されたものだったし、この土地は、同志社や東北学院など、私立の教育機関とその関係者が深く関与した場所でもあった。これらがさまざまな紆余曲折を経て、ついには片平の土地の多くが東北大学の敷地として包摂されるに至ったのである。

では、その変遷はどのようなものだったのか。紆余曲折を経ながら変遷した複雑な経緯について、その立地とともに辿ってみよう。

1

2

1_旧開智学校校舎
2_東華学校ガラス乾板写真

2 片平丁に林立した官立高等教育機関

明治期以降、『宮城県仙台区全図』(明治一三(1880)年)をみるとおり、片平の土地は陸軍省用地が占めていた[3]。この土地に、明治一九(1886)年に発布された「中学校令」のもと、第二高等中学校が明治二〇(1887)年に産声を上げた。東京・京都・山口に次ぐ、いわゆるナンバースクールと呼ばれる高等教育機関の一つである。「改正仙台市明細全図」(明治二二(1889)年/[4])が示すとおり、片平の西側一帯を占めるよう計画された。

　校舎は新築工事が明治二一(1888)年にはじまり、翌二二(1889)年に本館が完成、同二四年に全体が竣工した。第一(東京)・第三(京都)・第四(金沢)・第五(熊本)といったほかのナンバースクールの校舎が煉瓦造だったのに対し、木造で造営されたことに大きな特徴がある。明治二七(1894)年には「高等学校令」のもと第二高等学校と改称され(『最近実測仙台市街全図』明治三三(1900)年/[5])、大正一四(1925)年に北六番丁へ移転するまでこの

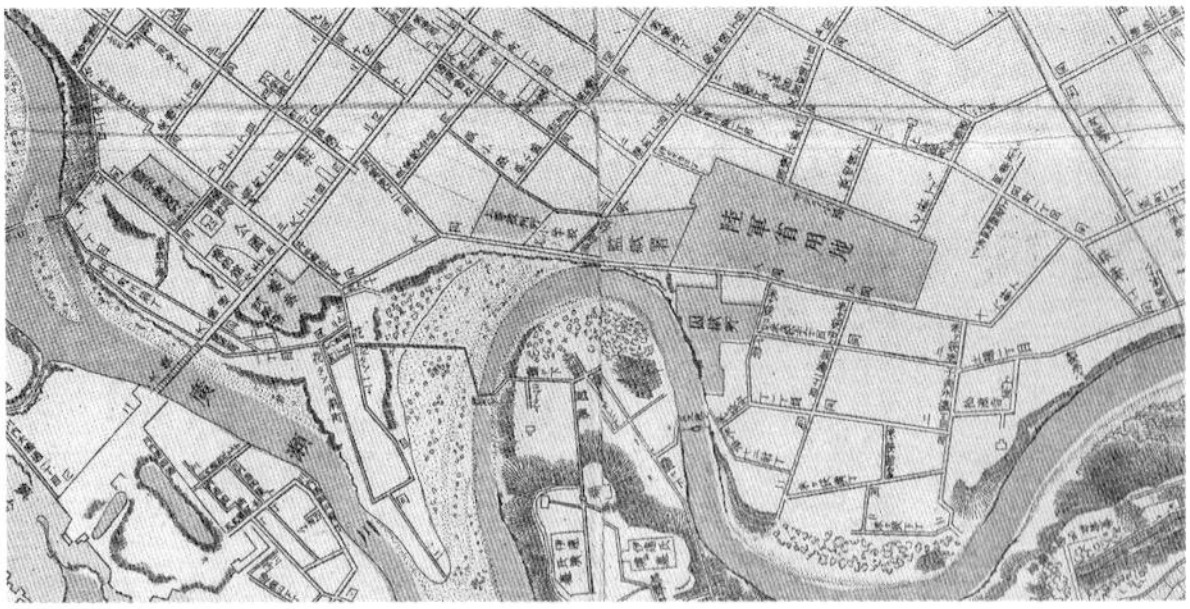

3_『宮城縣仙臺區全圖』(1880年、部分)|4_『改正仙台市明細全図』(1889年、部分)

場を校地とした。

　第二高等中学校に設置された学部の一つに医学部があった。「高等学校令」により第二高等学校医学部と改称されると、のちの同三四（1901）年には分離独立し、第二高等学校医学部の建物を引き継ぐことで仙台医学専門学校となる。同四五（1912）年には東北帝国大学に包摂されて医学専門部となったが、大正四（1915）年に北四番丁で東北帝国大学医科大学（のち医学部）が設置されるに伴い、大正七（1918）年に廃止された。

　第二高等学校の南方では、宮城県第一中学校が、宮城県尋常中学校を移転・新築することで明治三二（1899）年に計画された（『最近実測仙台市街全図』大正元（1912）年／［5］）。第二高等学校と同様の、木造の校舎だ。やがて明治三九（1906）年には、この建物の一部を活用することで仙台高等工業学校が創設される。しかし、同四〇（1907）年に宮城県第一中学校とともに全焼するという憂き目に遭う。すぐさま新校舎建設がはじまり、翌四一（1908）年に復興するに至った。

　明治四〇（1907）年に東北帝国大学が創設

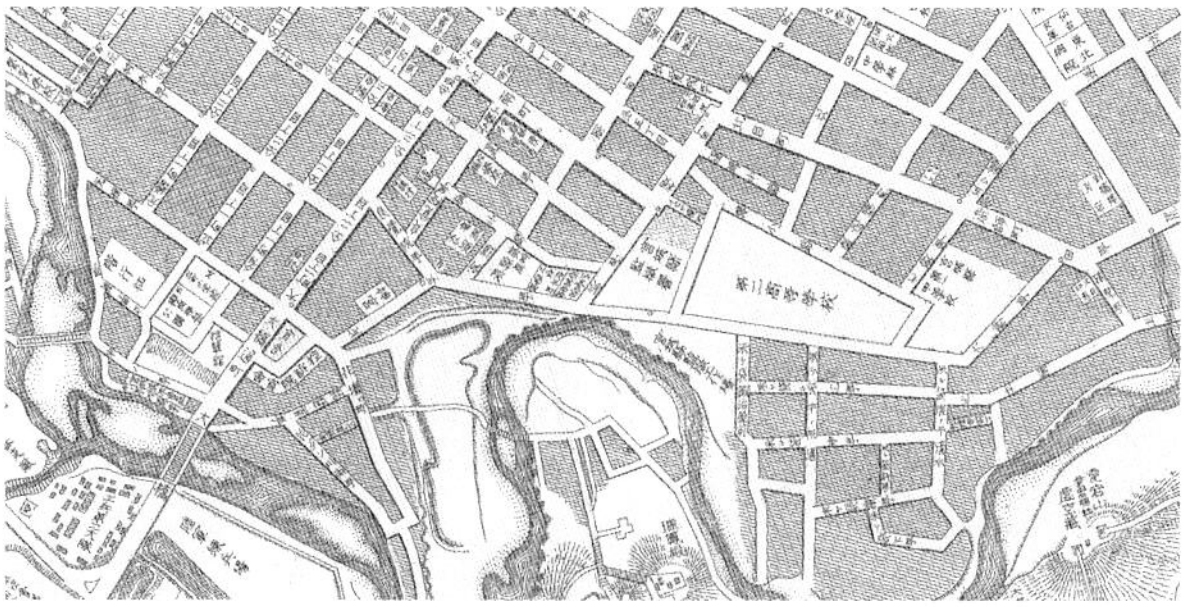
5

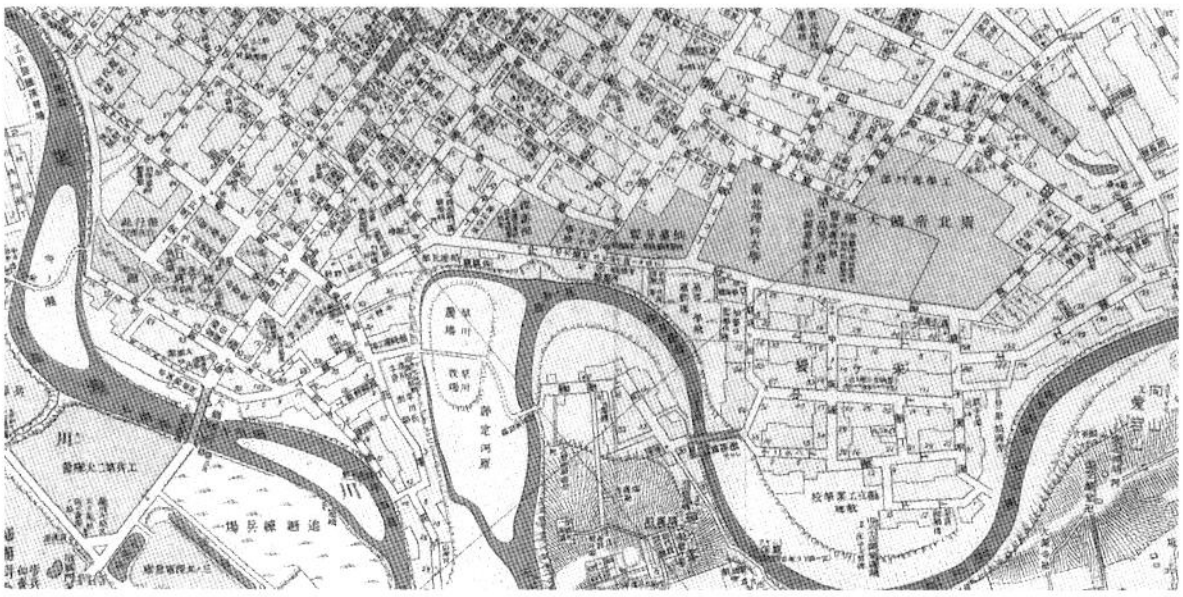
6

5_『最近實測仙臺市街全圖』（1900年、部分）｜6_『仙台市全図』（1912年、部分）

されると、片平の土地は包摂されるようにその校地となった。そして、明治四四(1911)年には理科大学が、翌年には工学専門部が設置された(『仙台市全図』(大正元(1912)年)／[6])。大正八(1919)年に工学部が設置されると、工学専門部は廃止されるとともに場所を移して独立し、大正一〇(1921)年に仙台高等工業学校として再出発する。昭和一九(1944)年には仙台工業専門学校と改称された。

このように片平丁の土地は、いささか複雑な紆余曲折を経ながらも、昭和四〇年代以降に工学部・理学部・文科部が青葉山や川内へと移転するまでのあいだ、東北帝国大学黎明の地として、東北大学の中枢として、官立教育機関が集中するエリアとしてその役目を果たすようになったのである。

3　東北学院旧宣教師館と三軒の住宅

明治一九(1886)年、片平丁の南方に隣接する南六軒丁に、仙台神学校を母体とする東北学院が誕生した。その敷地に、日本最古級の宣教師館――「東北学院旧宣教師館」(旧デフォレスト館・明治二〇(1887)年頃[7])が現存する。

この旧宣教師館は二階建ての木造建築で、屋根は寄棟造および切妻造(一部片流屋根)の鉄板葺、外壁は下見板張のペンキ塗り、ベランダに面する側廻りは漆喰塗りとなっている。開口部には上げ下げ窓と引き違い窓が用いられ、軒下と階境には蛇腹が巡り、菱格子天井が張られたベランダには面取りした角柱が立つ。前面に突き出した玄関ホールは西洋古典様式の柱が立ち、櫛形ペディメントの屋根をかける。玄関口は扉が二重となるが、外側のものは後補で、もとはセグメント・アーチ窓の付いた内側扉のみの吹き放しだった。随所にコロニアル・スタイルの意匠が散見されるが、櫛形ペディメントに刻まれた渦紋をはじめ、蟇股にも似た鬼瓦、寄棟造りの主体部にみる和小屋組など、構造や細部意匠に日本の在来工法が多分に見られる。明治期の木造洋風建築の特徴をさまざまに内包する、重要な歴史的建造物のひとつだ。

7

8

9

10

東北学院旧宣教師館は、宮城県土木課に所属した植田登(1855-?)が、J・H・デフォレスト(1844-1911／[8])をはじめとするアメリカン・ボードの宣教師たちのために設計した住宅である。明治二〇(1887)年の冬に「片平丁七九番」という旧地番に一軒、「南六軒丁六番ー二」という旧地番に二軒完成したものの一つにあたる。留意したいのは、これらの建築と土地も、仙台の高等教育機関の変遷を辿るうえで極めて重要な鍵となることである。一見、無関係にも思える

7_東北学院旧宣教師館｜8_J・H・デフォレスト｜9_新島襄｜10_市原盛宏

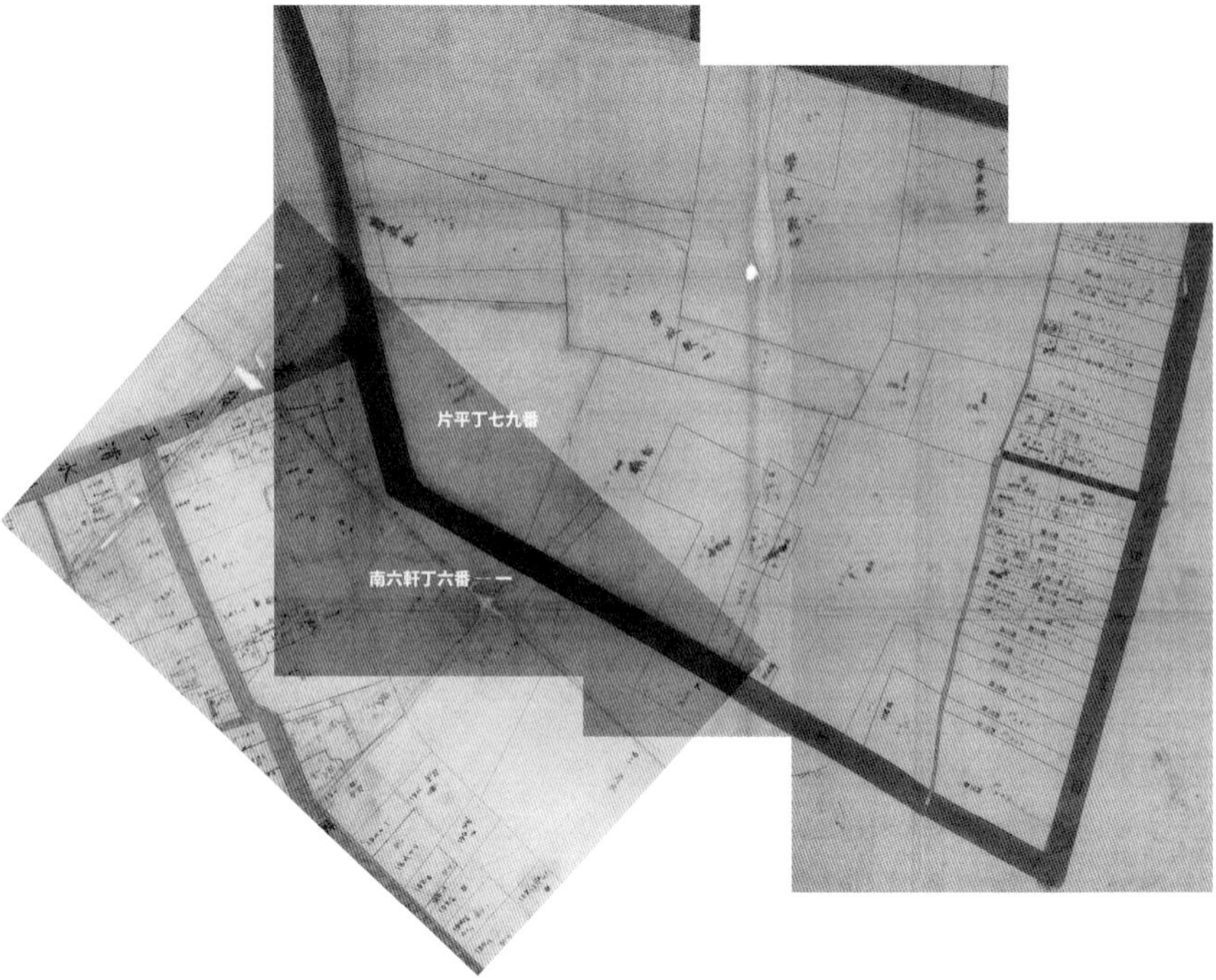

宣教師館と教育機関との関係について、その真相を探ってみよう。

4 片平丁と南六軒丁をめぐる私学教育

宮城でのキリスト教伝道と教育の実践のため、デフォレストは妻と四人の子供とともに明治七(1874)年に来日した。「第二の同志社」設立のために東北地方への伝道を強く求めた新島襄(1843-90／[9])、外交官・実業家でのちに日銀総裁を務めた富田鐵之助(1835-1916)、宮城県知事を務めた松平正直(1844-1915)らの尽力と、アメリカン・ボードの資金とにより、宮城英学校の設立が企図され、その宣教師の一人としてデフォレストが招聘されたのである。

まず、デフォレスト一家は清水小路の日本家屋に居住した。しかし、どうやらその日本式の生活様式になかなか馴染めなかったようた。そこ

11_仙台片平丁・南六軒丁旧土地台帳附属地図合成写真

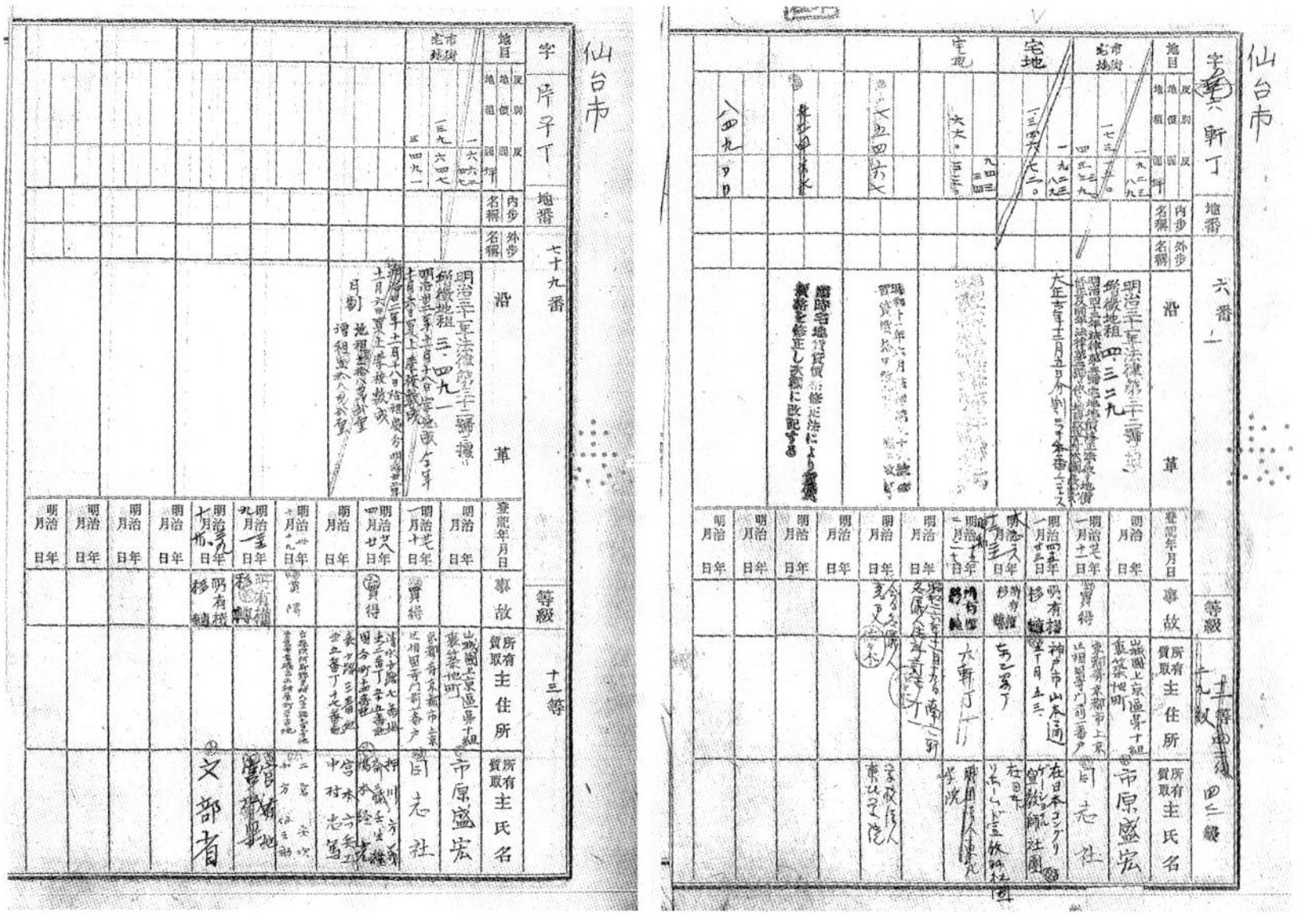
仙台市
字 片平丁
地番 七十九番
等級 十三等
字 南六軒丁
地番 六番一

12

で、市原盛宏（1858-1915［10］）名義の土地に、宣教師が住み慣れた木造洋風建築を計画することになった。市原は宮城英学校の運営を担うべく同志社から来仙し、同校の副校長として、校長を務めた新島に代わり事実上の学校責任者を務めたことでも知られる人物である。

明治初期に市原の名義だった土地は、「片平丁七九番」および「南六軒丁六番―一」という旧地番のものだった［11・12］。デフォレストはまず、このうち「片平丁七九番」に建てられた一軒に明治二六（1893）年まで居住した。しかし、のちに宮城英学校が閉校に追い込まれると、アメリカン・ボー

13

14

12_片平丁七九番および南六軒丁七九番旧土地台帳｜**13**_J・P・モール｜**14**_押川方義

ドの宣教師たちの多くが仙台を離れることになり、デフォレストも一時帰国することになった。

そのとき、デフォレストの住宅をリフォームド・ミッション（アメリカ改革派教会外国伝道局）に属したJ・Pモール[13]が購入することになった。そして、市原が所有権を持っていた土地を、同志社が仲介となることで、東北学院の創設者となる押川方義（1850-1928）[14]たちが購入した。時は明治二八（1895）年、かつて宮城英学校の関係者が所有した「片平丁七九番」の土地・建物を、仙台神学校の関係者たちがワンセットで購入したのである。

しかし、やがてモールは明治二九（一八九六）年に東京へ発つ。そして、押川たちは東北学院の切迫した財政状況への対応もあり、ついには片平丁の土地を明治三〇（1897）年までに売却することになった。

5 教育・建築の近代化とその痕跡

この土地を明治三二（1899）年に購入したのが宮城県だった。そして、この場に計画されたのが先にも触れた宮城県第一中学校で、この第一中学校の設計を担当したのが、のちにも触れる宮城県土木課の技術者たちだった。「片平丁七九番」および「南六軒丁六番－二」に計画された三軒の住宅と、官営教育機関の建築群の営繕を、宮城県土木課の技術者がすべて設計あるいは監理したのである。

この中学校は、のちの明治三九（1906）年に建築の一部が仙台高等工業学校校舎として利活用されたが、明治四〇（1907）年に不慮の火災により敷地内の建物が焼失してしまったことは先述の通りである。片平丁に存在した一棟の宣教師館がこの火災で焼失したのか、第一中学校創設の時に取り壊されたのかわからないが、この時点で三つあった宣教師館が二つとなったことは確かである。

これら三軒の住宅の場所を、陸軍第二師団参謀本部が明治二四（1891）年に作製した地図『仙台 二万分の一』が今に伝える[15]。「南六軒丁六番—一」の二棟にくわえ、「片平丁七九番」の一棟を同一記号で標示しており、現存する「旧仙台高等工業学校建築学科棟」が立つ場所に、「片平丁七九番」にかつて存在した建築の痕跡を見出すことができるのである。

その後、明治二九(1896)年にデフォレストはふたたびアメリカから来仙する。そして、二軒となった住宅のうち、「南六軒丁六番—一」の一軒に居住した。この住宅こそ、現存する東北学院旧宣教師館である。なお、二棟のうちのもう一棟は、通称「ブラッドショー館」[16]として、昭和四二(1967)年に解体されるまで東北学院大学の敷地内に存在した。

高等教育機関が紆余曲折を経ながら編成を繰り返した片平地区。その歴史を紐解くと、現在東北大学と東北学院大学が軒を連ねるエリアに、土地と建築をめぐる複雑な履歴と、教育者たちの志や建築技術者の試行錯誤のさまが見て取れる。建築と教育の近代化の過程で大きく風景が様変わりしたこの地に、これらの痕跡がさまざまに見え隠れしているのである。

[野村 俊一]

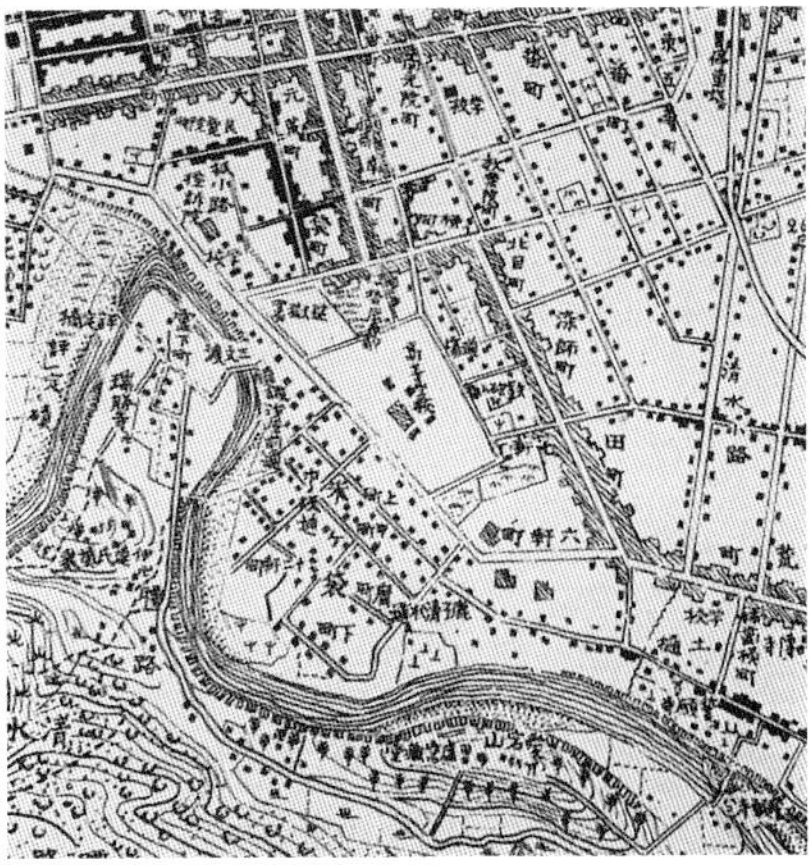

15

16

15_『仙台 二万分の一』

16_ブラッドショー館とブラッドショー

第2節

明治期片平の学校建築とその図面

1 文部省の営繕組織と片平丁の学校建築

仙台市片平丁に開花した様々な近代教育機関。その立役者として看過できないのが、宮城県土木課に所属した技術者と、東北帝国大学の営繕組織である。これら官営の営繕組織は、片平丁とその周辺の建築造営に大きく寄与してきた。では、彼らは具体的にどこでどのような建築を創り上げてきたのであろうか。ここでは文部省の営繕組織の歴史にまで溯りながら、仙台で活躍した官営営繕組織の系譜とともに、現存する建築とその図面を中心にみてみよう。

まず、明治期の官立高等教育施設を論じるにあたり看過できないのが、山口半六(1858-1900[1])と久留正道(1855-1914[2])という2人の建築家と、彼らが所属した文部省建築掛の存在である。

明治二三(1890)年、文部省会計局のなかに建

1_山口半六

2_久留正道

築掛が新設された。会計局内に従来存在した営繕課や用度課とは別の、新しい官営建築設計組織だ。山口はその初代掛長を務めた。

山口は東京帝国大学の前身となる大学南校を中退すると、のちに文部省貸費留学生としてフランスのパリ中央技芸学校で建築を学ぶ。卒業後には実際の建築工事に携わるようになり、帰国後も郵便汽船三菱会社でいくつかの建築工事を担当すると、明治一八(1885)年に文部省に雇として入省する。この入省以前、郵便汽船三菱会社に在籍中の明治一六(1883)年から、文部省の委託により東京師範学校改築工事の設計に携わっていたようだ。東京師範学校は翌一七年七月に着工されたが、この委託をもって文部省の営繕組織の実質的な起源とみなされている。

やがて、のちの明治一九(1886)年、工部大学校でジョサイア・コンドル(1852-1920)のもと建築を学んだ久留が、内務技手から文部属に転じて文部省に入省する。のちの明治二四(1891)年に東京工業学校講師に転じたが、病のため退官した山口と替わるように復帰し、同二五年に建築掛長となった。のちにシカゴでのコロンブス世界博覧会日本館のほか、第五回内国勧業博覧会の施設設計に携わっている。

当初の文部省建築掛は少人数で構成されたようで、組織成立直前となる明治二一・二二年時に在籍した技術者は、宮城県土木課三等技手を兼任した植田登(1855-?)のほか、確認できる者だけでも三名ほどであったが、のちに事業の拡大を受けて組織の拡充が図られた。明治後期の学校建築の標準仕様となる『学校建築図説明及設計大要』(明治二八年刊)は、この組織の拡充期に久留により著されたものである。山口・久留の両者在籍中の作品として、「旧東京音楽学校奏楽堂」(1890年[3])が東京都台東区上野公園に現存する。

このように、黎明期は少人数ではあったものの、この組織が全国の官営学校組織の設計・管理をしばらく担うようになる。そして、彼らが片平丁の教育機関の風景を大きく変えることになった。

2

第二高等中学校の営繕

彼らが仙台市片平丁でまず計画した学校施設が、第二高等中学校（のちの第二高等学校）校舎だ［4］。山口・久留両技師が設計を行い、彼らの指導のもと福田東吾と植田登が監理を担当し、植田が仙台の現場に常駐し

4

3

5

6

3_旧東京音楽学校奏楽堂｜4_第二高等学校
5_宮城県会議事堂ガラス乾板写真｜6_宮城県会議事堂雛形模型

監督するという布陣で工事が進められた。明治二一(1888)年の起工、同二四年の竣工である。
　植田は宮城県土木課に在籍した技術者で、旧名を市太郎という。明治二一(1888)年に三等技手として、明治二五(1892)年に二等技手兼文部三等技手として従事したことがわかっている(『宮城県職員録』)。先にも触れたとおり明治二一・二二年の時点で文部省技手を兼任しているが、まさにこの時期に第二高等中学校の現場を担当したことになる。宮城県の近代化を象徴する建築をほかにも数多く手がけており、宮城県会議事堂[5・6]や東北学院旧宣教師館(旧デフォレスト館・1887年頃)も彼の設計によるものだった。

　この第二高等中学校の図面が今に伝わる。そのうちのいくつかに山口半六の印を確認することができる。本館断面図の図面は、急勾配の切妻屋根と天井裏小屋組のキングポスト・トラスを描き、適宜着彩するなど、建築と図法の特徴を詳しく伝える重要な資料だ[7]。

　第二高等中学校の物理学教室と、第二高等学校の書庫が、片

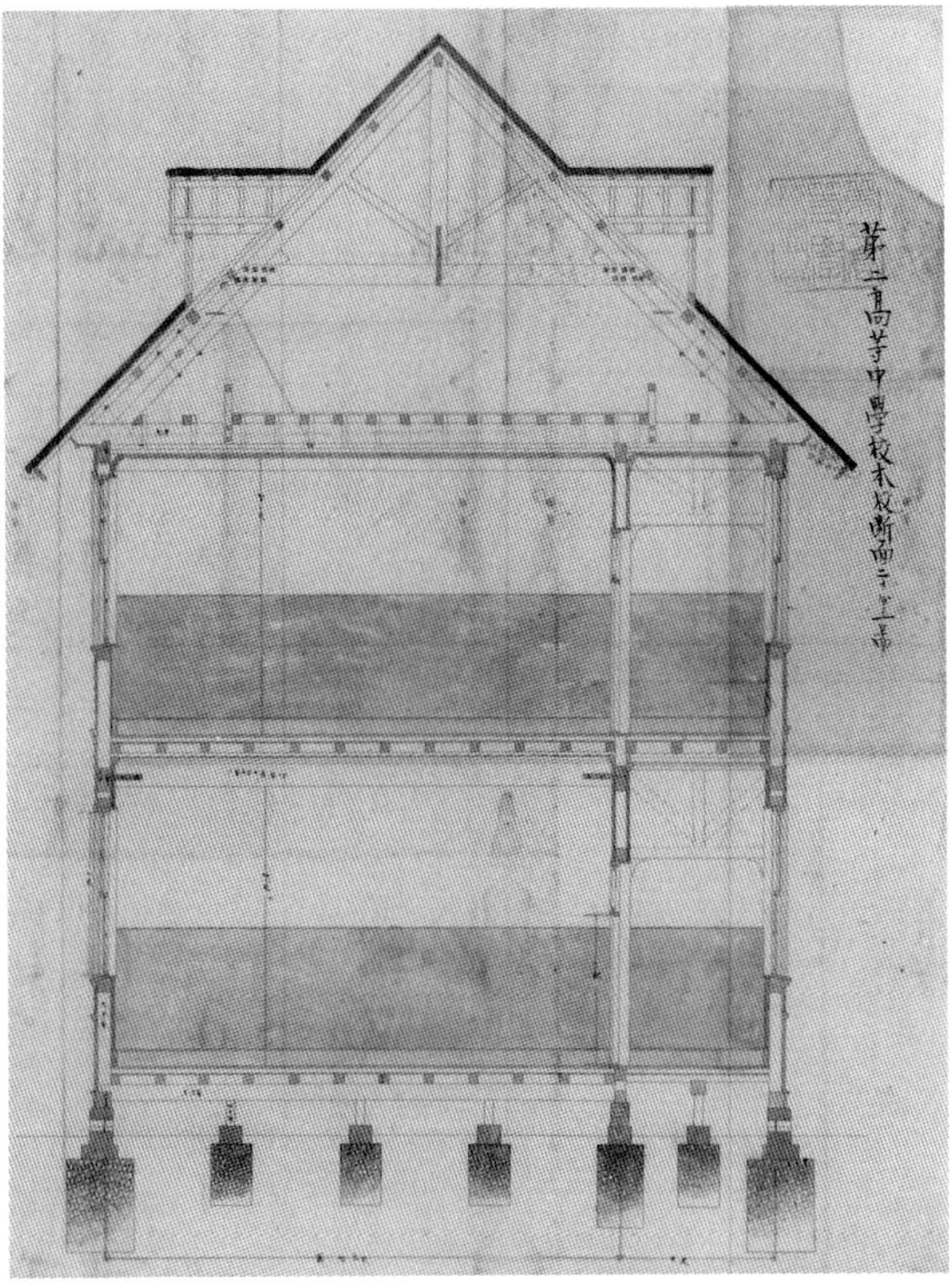

7

7_ 第二高等中学校本校断面

平キャンパスに現存する[8・9]。前者は、北門からみて大学本部手前の左手に現存しており、瓦葺の切妻造、木造二階建の下見板貼り、引き違いの窓(二階のものは本来上げ下げ窓だった)を外観に纏い、かつて内部に階段教室が設けられていた。明治二三(1890)年竣工となる、東北大学のキャンパス内で現存する最古の建築だ。第二高等中学校の本館は明治二二(1889)年に完成したが、この本館の両側に理化学室棟と物理室棟が直交するように設けられ、各々の前方に理化学教室とこの物理学教室が位置した[10]。なお、理化学教室の図面が現存して

8

9

8_第二高等中学校物理学教室
9_旧第二高等学校書庫

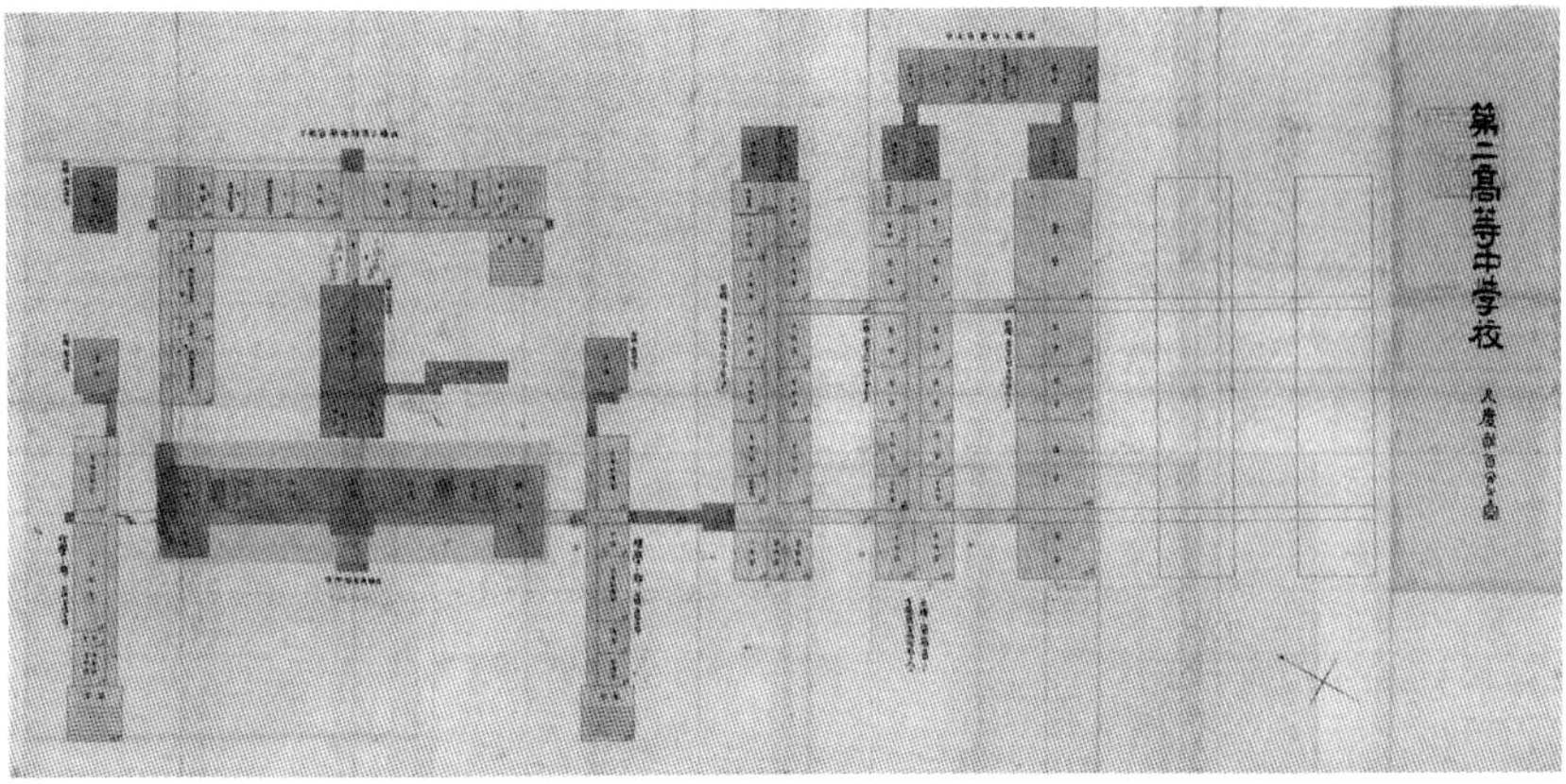

10

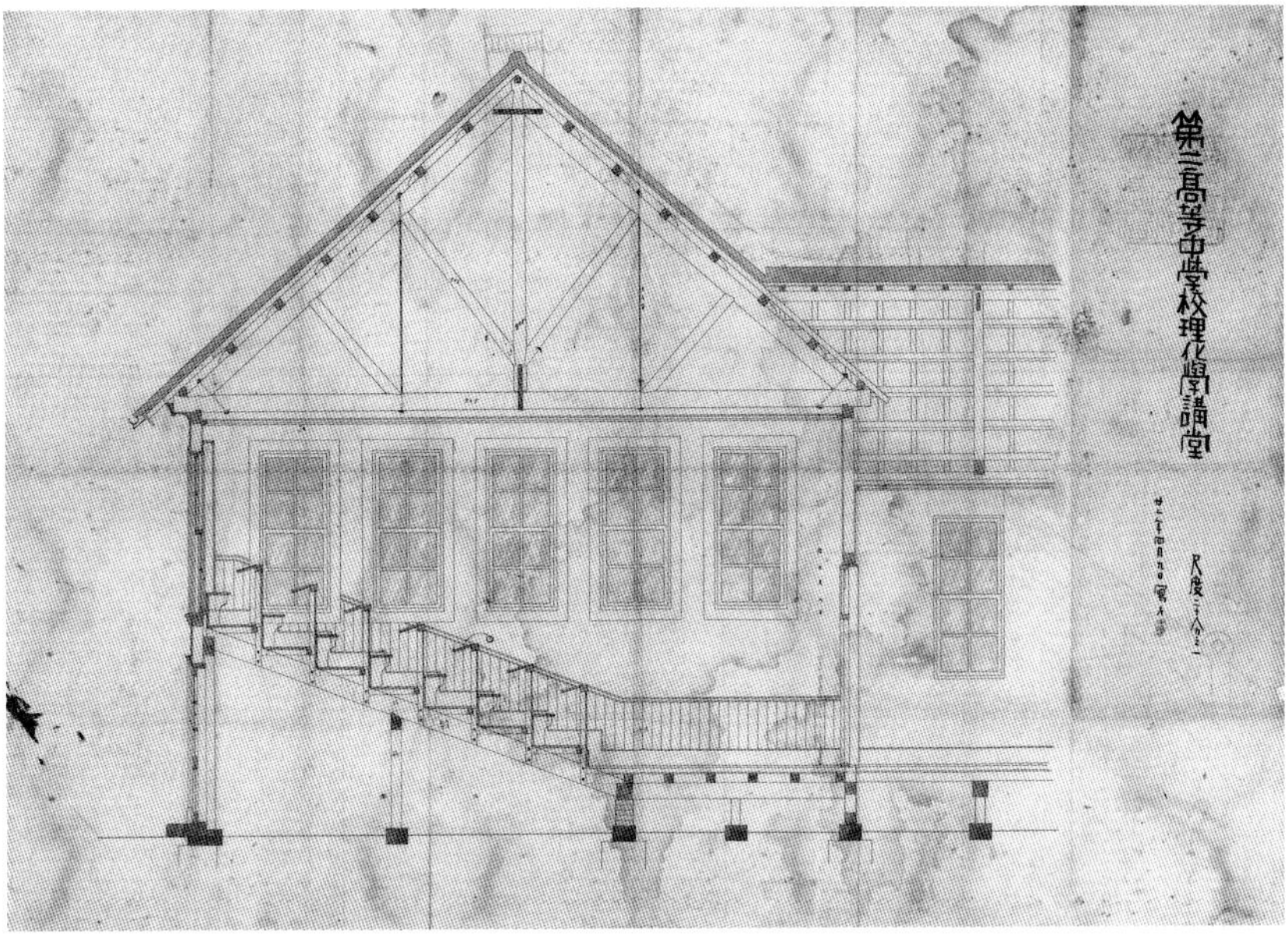

11

10_第二高等中学校配置図
11_第二高等中学校理化学講堂

おり、物理学教室と同様の階段教室の当初断面を詳細に教えてくれる〔11〕。

大正一一(1922)年に法文学部が開設されると、初期には仙台医学専門学校や第二高等中学校の教室などにくわえ、この物理学教室が活用された。昭和八〜九(1933〜34)年までのあいだに現在地へと移築され、内外とも改修を続けながら今にまで至る。

後者の書庫は、「赤煉瓦書庫」と通称されている。明治四三(1910)年以前に竣工した煉瓦造三階建ての建築で、小屋組を木造のクイーンポスト・トラスで構成する。一列目は小口だけを、二列目は長手だけを見せるように、煉瓦をリズミカルに積んだ「イギリス積み」により外皮を構築する。四隅には下層へ行くに従い太くなってゆく柱が立つ。木造のほかの校舎とは趣を異にする煉瓦造建築で、かつて隣接した閲覧室が木造だったことと併せて異彩を放つ。のちは法文学部奥羽史料調査部の中核的施設として、現在は文化財収蔵庫の一つとして活用されている。

3　仙台医学専門学校の建築

第1節で触れた通り、明治二〇(1887)年に創設された第二高等中学校には医学部が存在したが、のちの明治三四(1901)年には仙台医学専門学校が分離独立した。その博物・理化学教室と六号教室が片平キャンパスに現存する。

仙台医学専門学校は、明治四五(1912)年に東北帝国大学医学専門部に包摂され、大正四(1915)年に医科大学が設置されると、北四番丁の星陵地区へと移転する。東北帝国大学は片平地区に残された旧医学専門学校の建築を地質学教室および理化学研究所、法文学部仮教室や大学本部として活用してきたが、多くは

12

13

12_旧仙台医学専門学校博物·理化学教室
13_旧仙台医学専門学校六号教室

構内の整備に伴い取り壊されてしまった。そのなかで生き抜いたのが、これらの建築である。

片平キャンパス北門から入って右手奥に進むと、「旧仙台医学専門学校博物・理化学教室」[12]が眼に入る。明治三七(1904)年の造営で、現在まで増改築を繰り返しながら活用されてきた建築だ。木造平屋の瓦葺(一部銅板葺)で、下見板張の外装を身に纏う。北を正面とする東西棟と、その東に接続する南北棟部分からなり、北側の廊下に南側の諸室が接続する、いわゆる片廊下式の平面を採用する。

「旧仙台医学専門学校六号教室(東北大学魯迅の階段教室)」[13]も、旧医専教室棟と同じ明治三七(1904)年の造営による。もとは旧医専教室棟の東端に接続していたが、大正一三(1924)年頃に東西に分割され、現在は南方に位置する。六号教室の外観にその切断面の痕跡が生々しく残る。

トラス構造の小屋組を採用し、木造平屋の瓦葺、下見板貼り、上げ下げ窓を設ける。同様に階段教室を計画した第二高等中学校物理学教室とは異なり、窓の下端が階段教室の机の上面と揃うよう段々状に配置され、より合理的な採光が可能となっている。現在地へ移築したさいに内観や窓の配置も適宜改造されたようで、かつてこの階段教室の机の配置は現在の平行型ではなく三面鏡型だったようだ。また、現状、学生の出入り口が講壇から見て左側に開いているが、かつては別の場所にあった。中国の文学者・魯迅(1881-1936)が仙台医学専門学校に留学したときに学んだ教室としても知られる。

4 宮城県第一中学校と宮城県土木課の山添喜三郎

第二高等中学校の営繕に現場監督として深く関わった植田登。その後輩として、同課に山添喜三郎(1843-1923)[14]が勤務していた。山添は天保一四年(1843)新潟県生まれの元大工で、東京で大工棟梁松尾伊兵衛に師事したのち、明治政府の命のもとウィーン万国博覧会（明治六年）で日本館を建設したという経歴を持つ。そののち内務省を経て、仙台山居沢に新設する紡績会社の建築工事監督として来仙し、明治一八（1885）年には宮城県土木課に所属するに至った。明治一九（1886）年には八等技手として、明治二九（1896）年には同課建築主任（農相係技手を兼務）として、大正6年には宮城県技師として在籍したことがわかっている（『宮城県職員録』）。同課在籍中に「旧登米高等尋常小学校校舎」（1888年［**15**］）や「旧登米警察署庁舎」（1889年［**16**］）など、宮

16

14

15

14_山添喜三郎 | **15**_旧登米高等尋常小学校 | **16**_登米警察署

17

18

城県下の近代公共建築の営繕を数多く担当した敏腕技術者だ。

明治三二(1899)年に造営された宮城県第一中学校は、山添の設計による県立教育機関である。中央の本館は木造二階建て、一階はおもに教室、二階は大講堂が位置し、本館の左右に木造二階建ての教室が翼を拡げるように拡がっていた。寄棟造の瓦葺きで、下見板張りの外壁と引き違い窓が設けられていた。

平成三〇(2018)年度に惜しまれながらも解体された「旧宮城県第一中学校雨天体操場(東北大学学生ホール)」の棟札が今に伝わる[**17・18**]。雨天体操場が明治三〇(1897)年二月一〇日に起工し、同年五月六日に上棟した建築だったことを教えてくれる。宮城師範学校や宮城県尋常中学校の校長を歴任し、日本初の近代的国語辞典『言海』の編纂者としても知られる大槻文彦の計画のもと、宮城県土木課の技術者となる小泉郡司・山添喜三郎・今野金蔵のほか、大工棟梁庄子利兵衛が携わった建築だったことを物語る。

宮城県がこの「片平丁七九番」の土地の所有権を獲得したのは明治三二(1899)年である。したがって、字義通りに捉えると、この建築はそれ以前に完成したことになる。明治二九年に山添が尋常中学校建築工事主任

17_旧宮城県第一中学校雨天体操場 | **18**_旧宮城県第一中学校雨天体操場棟札

を務めたこととも符合する。これらのことから、棟札に刻まれた内容の解釈にはいくつかの可能性を想定できるが、ひとつに、別の場所で完成した校舎を、のちにこの土地へと移築した可能性も考えられるだろう。

5 東北帝国大学建築掛の誕生

明治四〇(1907)年、札幌農学校を母体とした農科大学の設置を皮切りに、3番目の帝国大学として東北帝国大学が創立された。やがて、文部省の中島泉次郎(1862-1943[19])が、明治四〇年より文部省大臣官房建築課仙台出張所長心得として、明治四三(1901)年より文部技官として仙台出張所長を務める。そして、同四五(1903)年には東北帝国大学技師に転任し建築掛長となる。

時は東北と九州の両帝国大学の創立工事をはじめ、各地で専門学校などの創立工事が相次いだ文部省営繕組織の最盛期。この状況に併せて、文科省建築掛の規模が次第に伸長していくことになった。

明治三三(1900)年に文部省で建築課が設置されると、次第に帝国大学内に出張所が設けられていった。明治四〇年に帝国大学官制が改正されると、東京と京都の帝国大学に営繕課と建築部がそれぞれ設置され、専任の技師と技手が配属される。ここを皮切りに、帝国大学の営繕工事は文部省建築課の手を次第に離れることになった。営繕事業が中央から地方へと次第に外在化し、その地方拠点都市におけるハブの一つとして、明治四五年には東北帝国大学に建築掛が置かれるようになったのである。

第二高等中学校校舎の設計・監理が行われたのち、東北帝国大学校舎の営繕は大学内で独自になされるようになった。文部省建築課は直接の管轄から離れ

19

19_中島泉次郎

て監督のみを行うようになり、これまで帝国大学内に存在した建築課出張所がそのまま昇格することになった。そして、帝国大学関係の諸工事を一括で担当したことにとどまらず、近傍の文部省直轄学校の諸工事を委託されるようにもなった。

6 東北帝国大学理科大学の建築

このような背景のもと、明治四四(1911)年一月、仙台を本拠とする東北帝国大学理科大学が開設した[20・21]。理科大学の建築は、現片平キャンパスの西北隅で扇型に拡がる敷地に計画され、コの字型とヨの字型の各建物が南北で中庭を形成しながら隣接するよう配置された。

この建築を担当した中島は、駅逓局とその後身となる逓信省に御用掛・属・技手として長く勤務し、その後も臨時陸軍建築部技師に転じて各種の建築工事に携わった。東北帝国大学に移る前にも、名古屋高等工業学校や仙台高等工業学校、米沢高等工業学校[22]などの営繕を手がけてきた経験豊富な技術者だ。高等教育機関等での明確な建築教育歴をもたなかったものの、実戦の経験から技術を習得した、文部省の営繕活動を実質支えてきたキーパーソンの一人だった。

20

20_東北帝国大学理科大学

中島が設計した建築の図面が今に伝わる。そのうちの一つとなる「東北帝国大学理科大学 事務室及教室 建図」**23**は、理科大学・事務室及び教室・教室及実験室を収めた校舎を表す。正面玄関のある南側棟は下見板張りの木造、北側棟は煉瓦造で、双方ともに二階建てのルネサンス様式の建築で、屋根にドーマーウィンドウを載せる。

　中島のデザインの特徴は、屋根に変化を付け、塔を玄関の両脇に配置するなど、やや大きめのスケールの様式的モチーフを用いながら、全体的に均整の取れた立面を構成するところにある。この事務室も線対称となる立面を構成し、両脇に妻面を正面に見せる切妻屋根を載せる点に中島のデザイン・ヴォキャブラリーが見え隠れする。

　なお、東北大学創立時に古河家から寄付金を受けたとき、これを記念して建物の

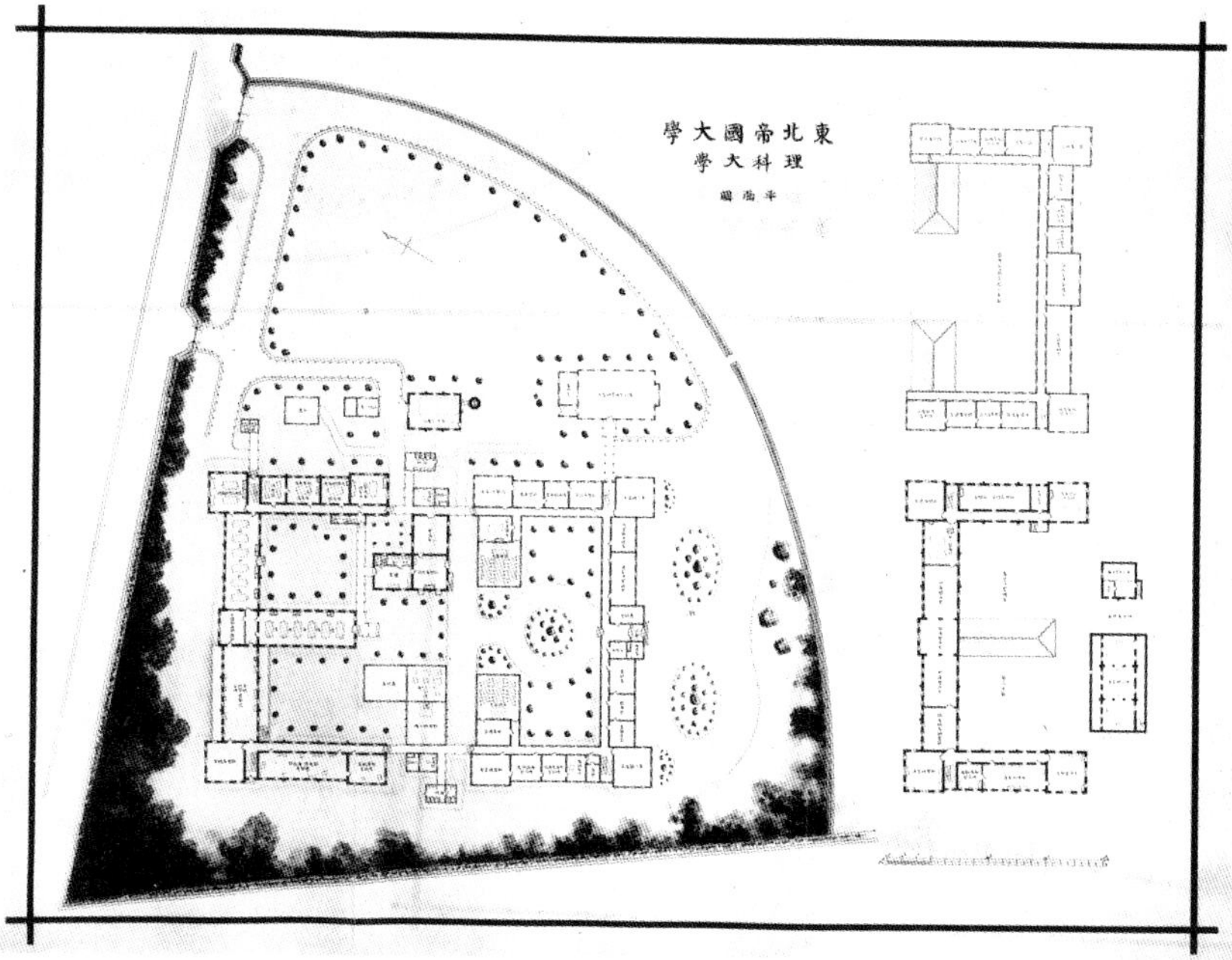

21

21_建物配置図（大正２年頃、片平地区）『東北帝国大学理科大学一覧』（大正２年）

正面に「古河家寄贈」と記した額が掲げられた。これら図面は、東北帝国大学の教育機関を具体的にうかがえる最古級のもののひとつで、東北帝国大学のかつての「顔」を表した極めて貴重な資料である。

［野村 俊一］

22

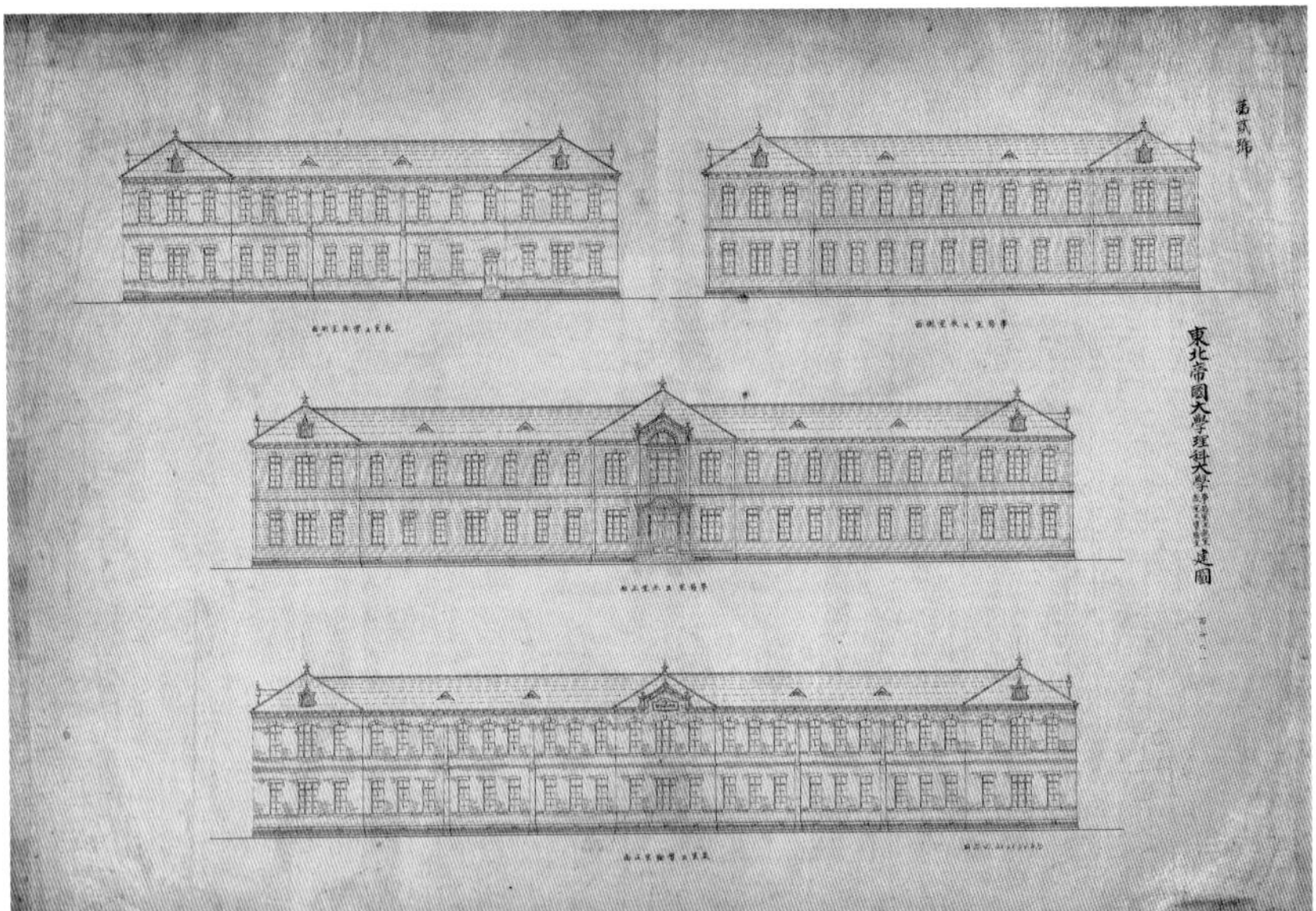

23

22_旧米沢高等工業学校本館
23_東北帝国大学理科大学 事務室及教室 建図

第3節

片平キャンパスの歴史的変遷

1 片平キャンパスの官立高等教育機関

前節までみてきたように、仙台における官立高等教育機関のキャンパス形成は、東北帝国大学創設以前からスタートしている。東北帝国大学成立以前、第二高等中学校（明治二〇（1887）年）が設置された際（明治二七（1894）年に第二高等学校に改称）、その敷地として選定されたのは、元陸軍用地であった片平地区であった。明治二二（1889）年七月には、本部および医学部、明治二三（1890）年には寄宿舎、物理学教場が建てられ、大正一四（1925）年に北六番丁（旧東北大学雨宮キャンパス）に新校舎を設けて移転するまでの36年間、第二高等学校は片平にあり続けた。この間、明治三四（1901）年には第二高等学校を前身として仙台医学専門学校が分離独立、明治三九（1906）年には仙台高等工業学校が設置されており、明治四四（1911）年の東北帝国大学理科大学開設時には、第二高等学校、仙台医学専門学校、仙台高等工業学校が片平地区内に共存していたのである。こうした歴史的背景は、片平地区内の建物群の多様性を担保するとともに、学都仙台を形成する官立高等教育機関の特質ともなった。本節では、その後の変遷を東北大学のキャンパス拡張・整備を中心にみていきたい。

2

片平キャンパスと星陵キャンパス

明治四〇(1907)年の東北帝国大学創立から四年後の明治四四(1911)年、東北帝国大学理科大学は、第二高等学校運動場の片平丁に面した部分から、隣接する仙台分監敷地までを敷地とし開設、建物は古河財閥の寄付により建設される[**1**]。次いで、東北国帝国大学医科大学開設を見越した動きとして、東北帝国大学では星陵地区の整備が行われることになり、明治四一(1908)年宮城病院の新築移転に伴い、片平丁第二高等学

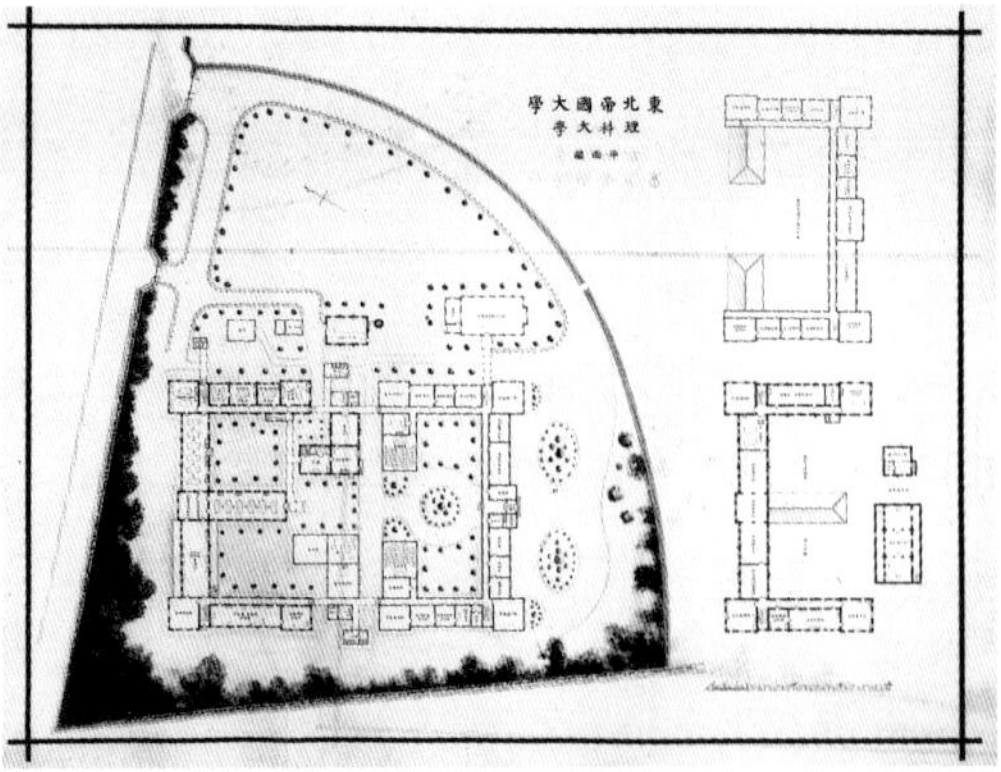

1

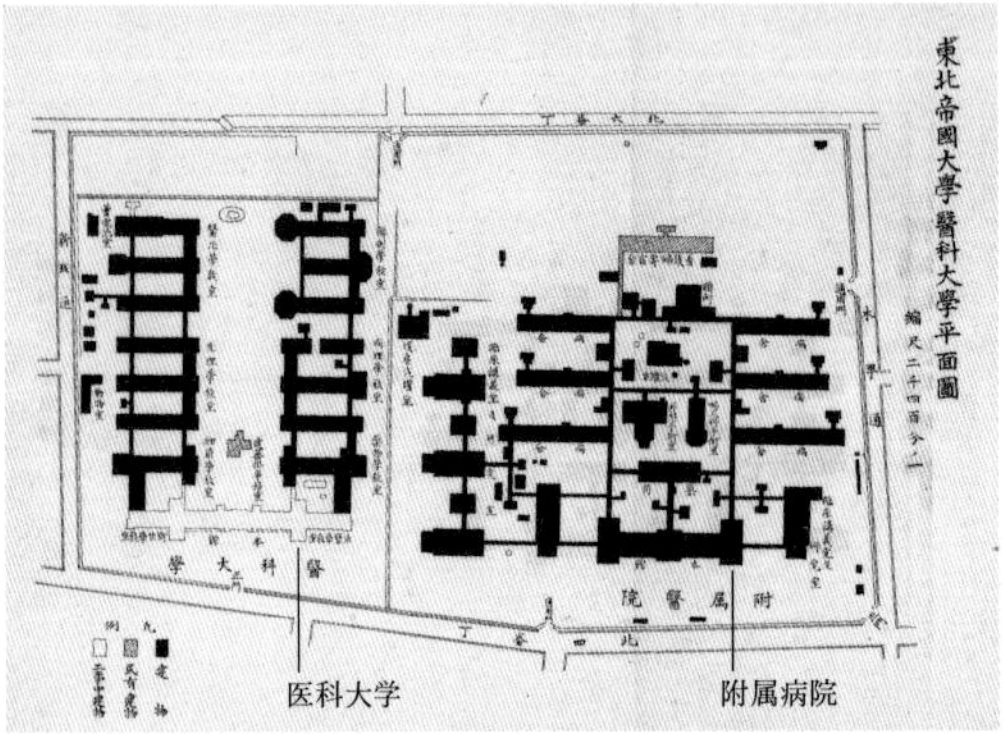

2

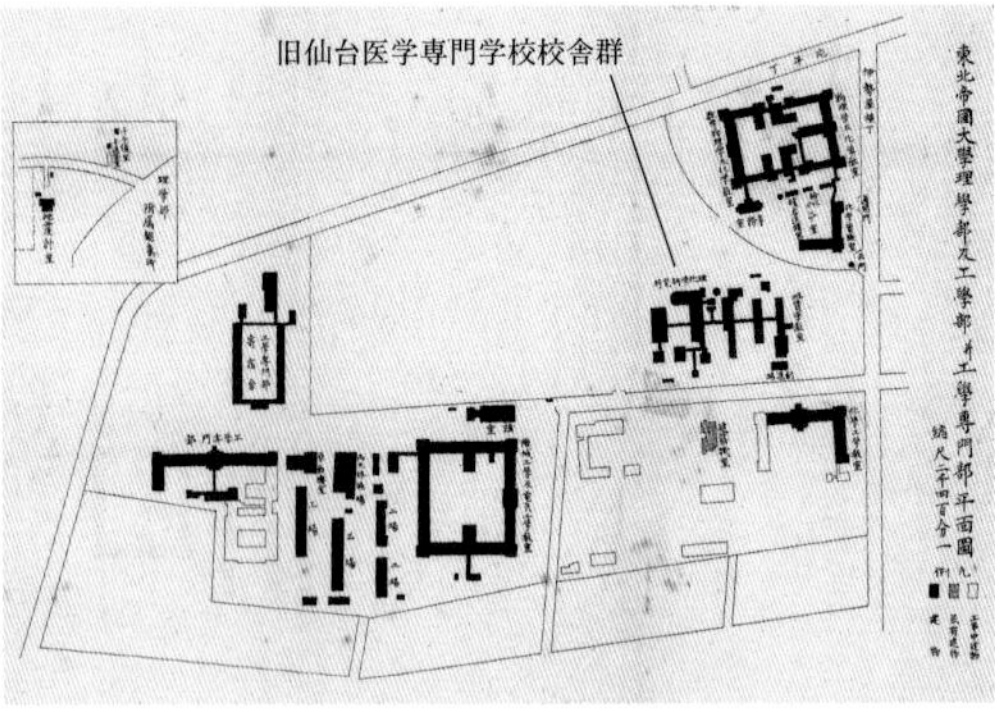

3

1_建物配置図(大正2年頃、片平地区)『東北帝国大学理科大学一覧』(大正2年)
2_建物配置図(大正5年、星陵地区)『東北帝国大学理科大学医科大学一覧』(大正6年)
3_建物配置図(大正8年、片平地区)『東北帝国大学一覧』(大正9年)

校敷地内の仙台医学専門学校校舎も病院付近に新築移転されることになる。明治四二(1909)年、大澤謙二東京帝国大学医科大学教授の仙台医学専門学校視察を通じて、医科大学設置はほぼ決定となり、同年、宮城県参事会による病院敷地隣接県有造林苗圃地の寄付により、医科大学建設が本格的にはじまることになる。大正元(1912)年、宮城県会で「宮城病院建築物寄付ノ件」「宮城病院経費及基金管理規則廃止ノ件」案件が可決、県立宮城病院敷地建物や設備一切を東北帝国大学に寄付することになった(病院敷地約66,000m²分については東北帝国大学が買入れ)。こうした地元宮城県における寄付行為は、医科大学に対する期待の表れであったともいえる。大正四(1915)年に医科大学の前身として設置された東北帝国大学医学専門部は片平丁から北四番丁へ移転し、同年七月医科大学が開設されると北四番丁の敷地が編入された。その後薬物学教室・法医学教室・衛生学教室ほか、本館が順次建設されることになり、大正七(1918)年に基礎医学系教室の完成をみた[2]。片平キャンパスに残された旧仙台医学専門学校校舎群は、理科大学地質学教室、理化学研究所、法文学部仮教室、本部事務室などに転用されていくことになる[3]。

3　一九二〇年代における東北大学の片平拡張

大正六(1917)年、東北帝国大学第二代総長北條時敬が退任時に残した「引継事項」に「南部ノ拡張　一万坪乃至一万四千坪(仙台分監跡以外)、土地買収費ニ支出シ得ル金額、今明両年度ニ於テ十七万円ニ上ルベシ、其財源ハ第一維持資金ナリ、第二ハ地方寄附金ノ一半ナリ」と仙台分監跡以外の南部敷地拡張が申し送り事項とされたように、片平キャンパスも大正八(1919)年の工学部設置に前後して、敷地拡張計画が進行していくことになる。工学部設置当初の本館は、仙台高等工業学校を改組した附属工学専門部の建物を流用し、順次化学工学科の建物や、機械学実験室と電気学実験室が竣工していく[4]。なお附属工学専門部より引き継いだ本館は大正一五(1926)年の火災により全焼し、火災後新たに3階建ての本館が新築され、電気・機械工学科が置かれた。同じく附属工学専門部から引き継がれた講堂は焼失を免れ、昭和一七(1942)年には当時の南門付近に移築され、東北帝国大学中央講堂となっていく。ちなみに、工学部設置の際には、旧仙台高等工業学校の流れをくむ附属工学専門部存置運動が起こり、最終的には大正九(1920)年に仙台高等工業学校が片平キャンパスの南側敷地に再設置されることとなり、片平キャンパス内に併存していくことになる。また、宮城監獄分監跡地には鉄鋼研究所(現在の金属材料研究所)が置かれることになる。この鉄鋼研究所の建設に要した費用は、住友家からの寄付によって支出された。

戦前期における東北帝国大学最後の学部増設にあたる法文学部は大正一一(1922)年に設置された。この法文学部設置において、第二高等学校は敷地と建物を提供することにし、第二高等学校は大正一四(1925)年に北六番丁校舎に移転した(旧東北大学雨宮キャンパス)。法文学部設置に伴って第二高等学校の

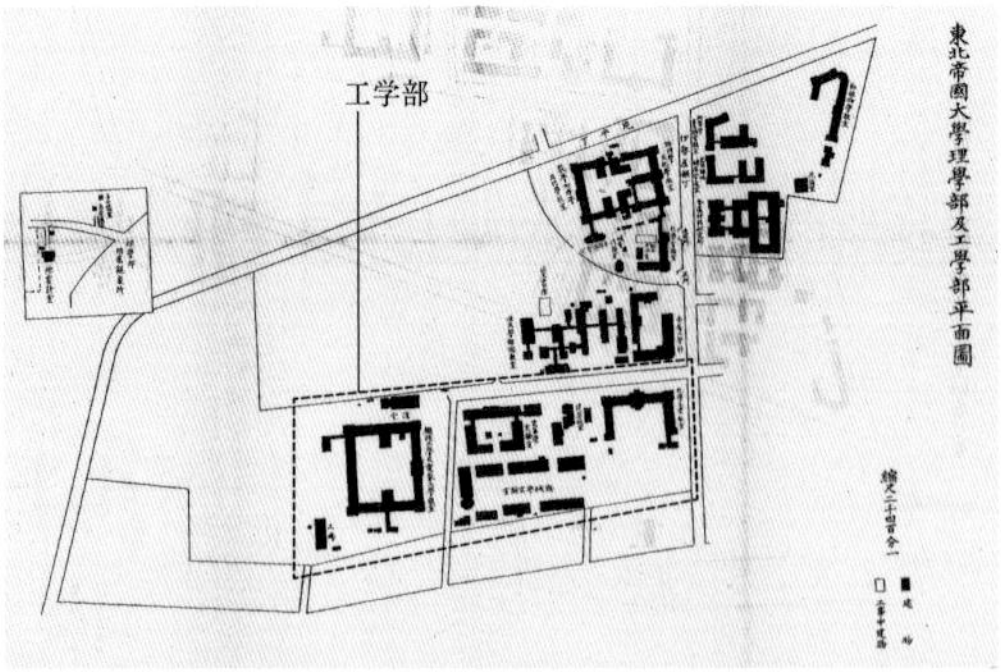

4

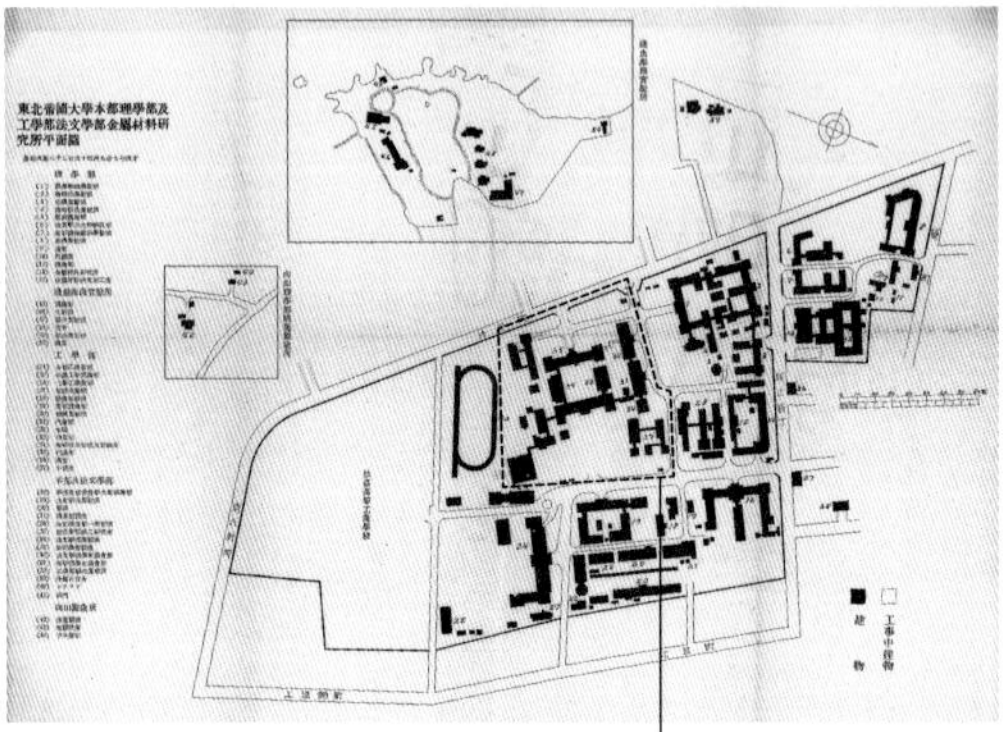

5

4_建物配置図(大正12年、片平地区)『東北帝国大学一覧』(大正12年)
5_建物配置図(昭和4年、片平地区)『東北帝国大学一覧』(昭和4年)

既存施設以外にも、大正一二年度より旧医学専門学校の西南角部分を解体し、東北帝国大学として初めての本格的な図書館が建設されることとなり、大正一五(1926)年には書庫と図書閲覧室が完成、同年三月には法文学部棟(教室)も新築された。このとき図書館と法文学部棟とは渡り廊下で連結されていた[5]。

4 一九三〇—一九四〇年代の片平キャンパス整備

このように、東北帝国大学は明治四〇(1907)年の創設以降、一九二〇年代前半までに、片平キャンパスのほか星陵キャンパスを取得し、片平キャンパスにおいても既設されていた第二高等学校、旧仙台医学専門学校、旧仙台高等工業学校の各敷地を順次吸収していくことで、敷地・建物を拡張させていった。第二高等学校の敷地を取得して以降、一九三〇年代は、評定河原運動場や女川の海洋水産化学研究所の土地・敷地を入手したほかは、敷地増加はほとんどなされなかったものの、創立二五周年に合わせて片平キャンパス構内の整備が進められ、一九三〇年度予算では構内道路舗装および排水管施設費を計上、正門から現在のエクステンション棟(旧本部建物跡)にかけての大路が昭和一一(1936)年までに整備された。このほか、東北帝国大学では二五周年記念事業である記念会館の設立が検討され、現在の学都記念公園の場所にも階段教室など旧仙台医学専門学校の建物を移築する計画などがあったものの、これらの計画は実現されなかった。しかし、正門と本部が直線の大路で繋がり、大路の並びには、附属図書館、理学部化学教室が新設配置されたことで、片平キャンパスの中心が一九三〇年代半ばまでに形成されることになる[6]。

一九三〇年代に一段落をみせた土地・建物の展開は、戦時期において更に進展することになる。東北帝国大学は「研究所大学」と通称されるように、戦時期における附置研究所設置が帝国大学の中で最も多かったが、これはキャンパスの敷地・建物の増加からもうかがえる。昭和一四(1939)年以降、昭和二〇(1945)年まで農学研究所ほか9つの附置研究所が設置されたことに伴い、それぞれの敷地が確保され、専用の建物が建設されていったのである[**6**]。

この結果、東北帝国大学の土地面積は、一九三七年度の429,000平方メートルに比して一九四五年度には約1,089,000平方メートルと、約2.5倍に拡大した。また建物面積も土地面積の推移と連動して増加傾向をとり、昭和一九(1944)年には165,000平方メートルに達し、昭和一二(1937)年比で1.3倍となった。土地建物は、農学研究所に係る原野寄付なども含まれていたが、片平、星陵の両キャンパスの形成はここにおいて、おおよそ一段落を迎えることとなり、本格的なキャンパス増設の動きは、第二次世界大戦後の川内・青葉山地区の取得を待つことになる。

昭和二〇(1945)年七月仙台空襲は、片平キャンパスの建物の約40%が被害を受けることになり、戦後に軍関係の土地建物の管理換えによる復旧案が持ち上がるが、岩沼憲兵分隊の土地利用の認可、仙台市内川内の五色沼・苦竹の工員宿舎松風寮(一部)等の使用許可に留まり、回避されたものの、かえって占領軍による大学施設の接収の意向がくるような状況であった。

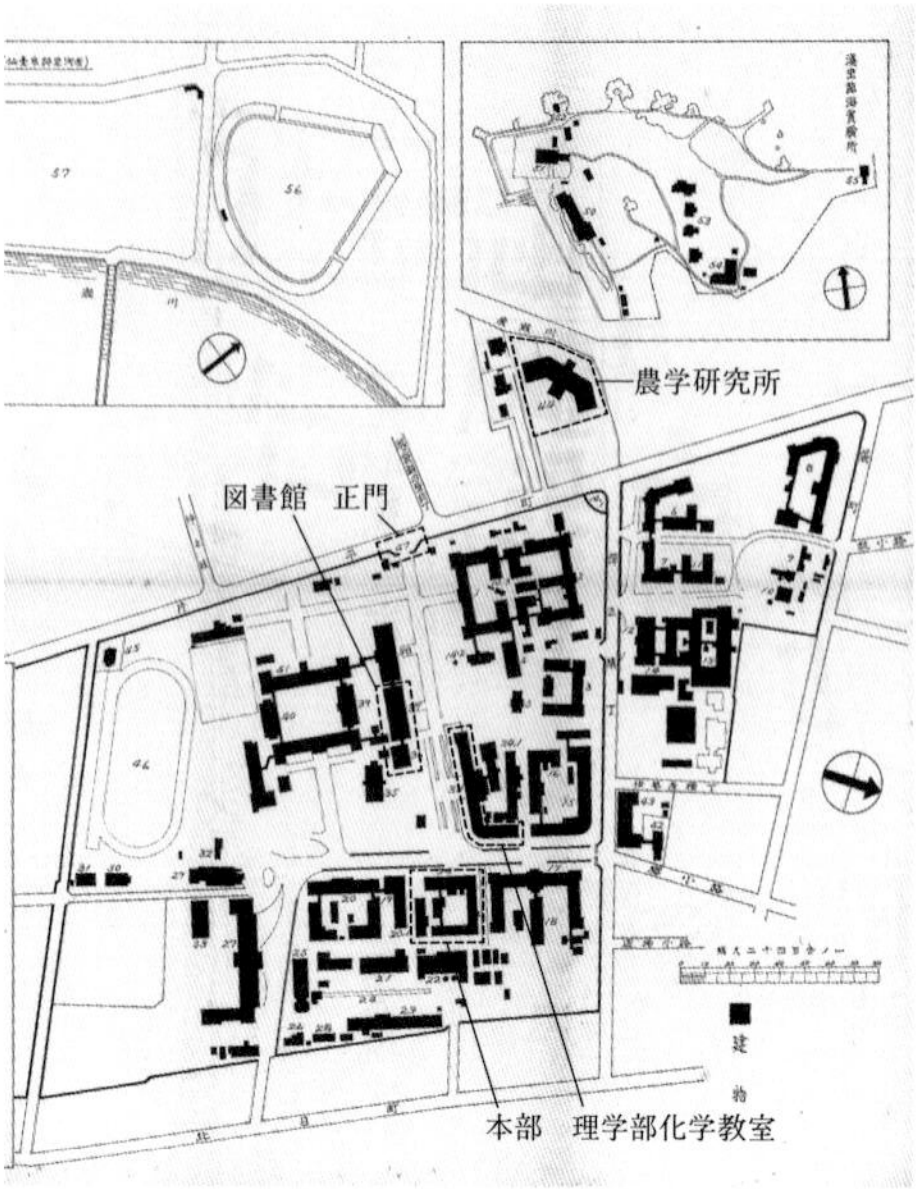

6

6_建物配置図(昭和14年、片平地区)『東北帝国大学一覧』(昭和14年)

5 新制東北大学のキャンパス形成

文部省に臨時教育施設部が設置された昭和二一(1946)年以降、徐々に大学の既存施設の復旧が進んでいくことになるが、新たなキャンパス形成につながる動きとして、終戦後の食糧難を背景に、戦前から要求が続けられていた農学部の新設が、昭和二二(1947)年に実現することになる。この農学部の敷地については、第二高等学校が三神峯に移転した後の北六番丁跡地を全面的に使用することが計画された。北六番丁跡地は、すでにその一部を借りていた一女高との協議が必要であったが、一女高は最終的に中島丁の宮城県女子師範学校の敷地に移転することとなり、北六番丁二高跡地は雨宮キャンパスとして農学部の敷地となった。

当初は農産学科研究棟を川渡農場から移築したほか、第二高等学校の残存建物を改造、一女高からも講堂寄付を受けるなど既存施設を転用したが、宮城県および宮城県酒造組合からの寄付もあり、生活科学科本館の竣工以降、昭和二七(1952)年から昭和三二(1957)年にかけて、段階的建設工事が行われ一九五〇年代半ばには、雨宮キャンパスの建物・施設整備が一段落することになる[7]。

雨宮キャンパス以外にも、昭和二四(1949)年の新制東北大学発足時、東北大学は第二高等学校などの既存官立教育機関を包摂したことで、キャンパスが拡大することになる。新制東北大学初年度の構成を『新制東北大学要覧』にみると、後期課程に各学部が並び、前期課程に教養部があてられ、仙台市富沢に置かれた第一教養部(旧制第二高等学校を包摂)、仙台市南六軒丁に置かれた第二教養部(旧制仙台工業専門学校を包摂)、仙台市長町越路に置かれた第三教養部(旧制宮城女子専門学校)、仙台市北七番丁に置かれた教育教養部(旧制宮城師範学校)の4つの分校が置かれたことが分かる。

このように新制東北大学のキャンパス拡大は分校による分散傾向を伴っていたため、学生、教官ともに講義に対する通勤・通学の負担は大きくなった[8]。昭和二七(1952)年に第三教養部が第一教養部に統合し、昭和三二(1957)年には第二教養部が第一教養部に統合されることで、教養課程の大部分の学生は統合後の富沢分校に集まることになったが、教育教養部は北分校として残されており、同年の創立五〇周年記念式典の式辞において高橋里美学長が「大学前期三千の学生を収容する富沢分校が遠距離にあるために、学校管理の面でも学生の通学の面でも授業操作の面でも非常なる不便を感じ、時間と労力のロス甚大なるものがあります」と述べているように、こうした分散型のキャンパス解決は東北大学にとってなお課題であった。こうした中、東北大学がその克服を目指して企図したのが、返還が予定されていた仙台市内の川内米軍キャンプ跡地の取得利用であった。

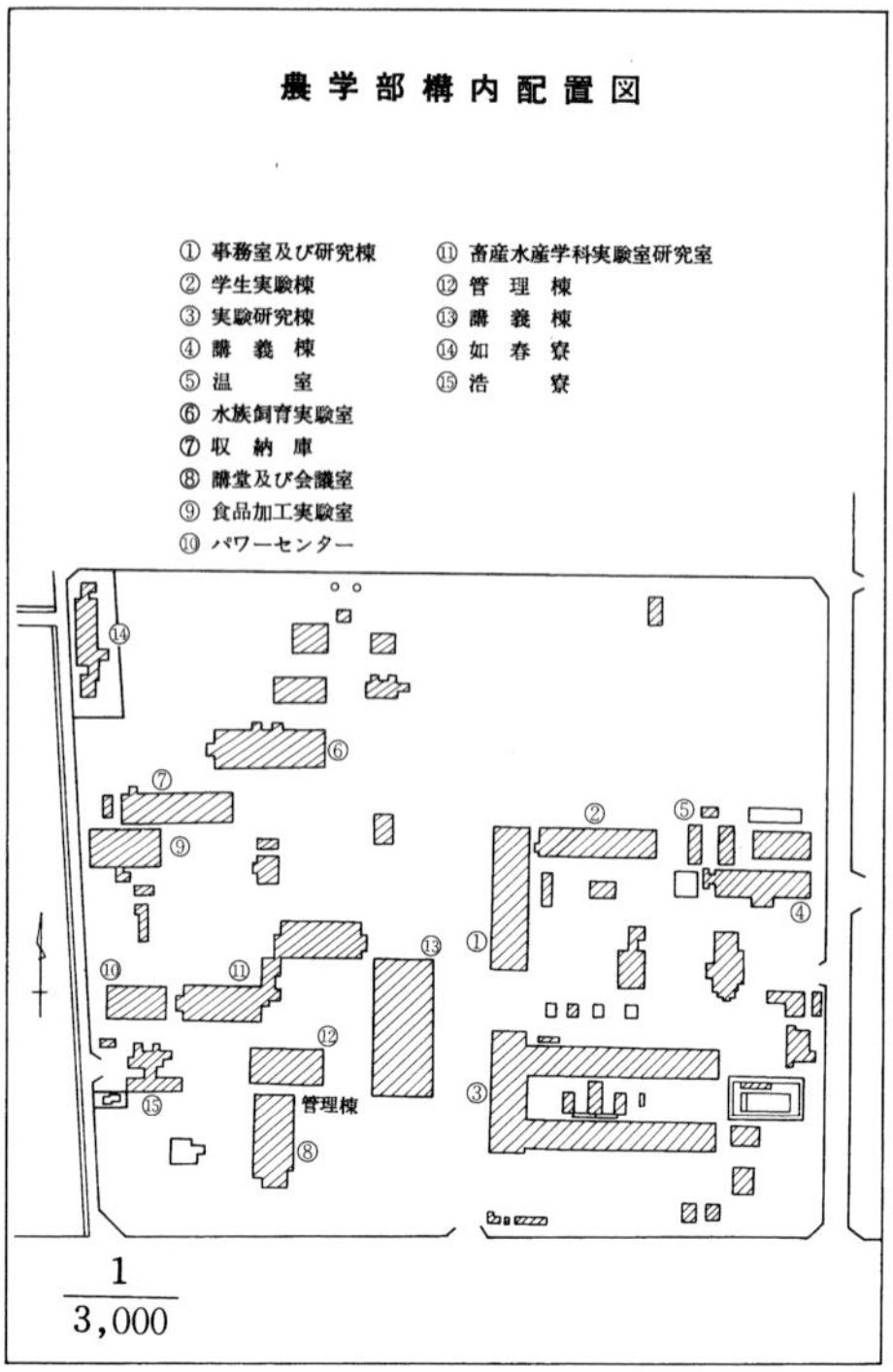

7

川内米軍キャンプ跡地については、東北大学のほか東北財務局・宮城県・仙台市などでも利用の意向をもっていたが、高橋里美、黒川利雄等、歴代学長の粘り強い交渉を経て、昭和三二(1957)年、国有財産東北地方審議会においてキャンプ跡地の処理方針が決定し、東北大学に川内地区および青葉山地区が移管されることになった。この流れを受けて片平に立地していた各学

7_建物配置図(昭和33年、雨宮地区)『東北大学一覧』(昭和34年)

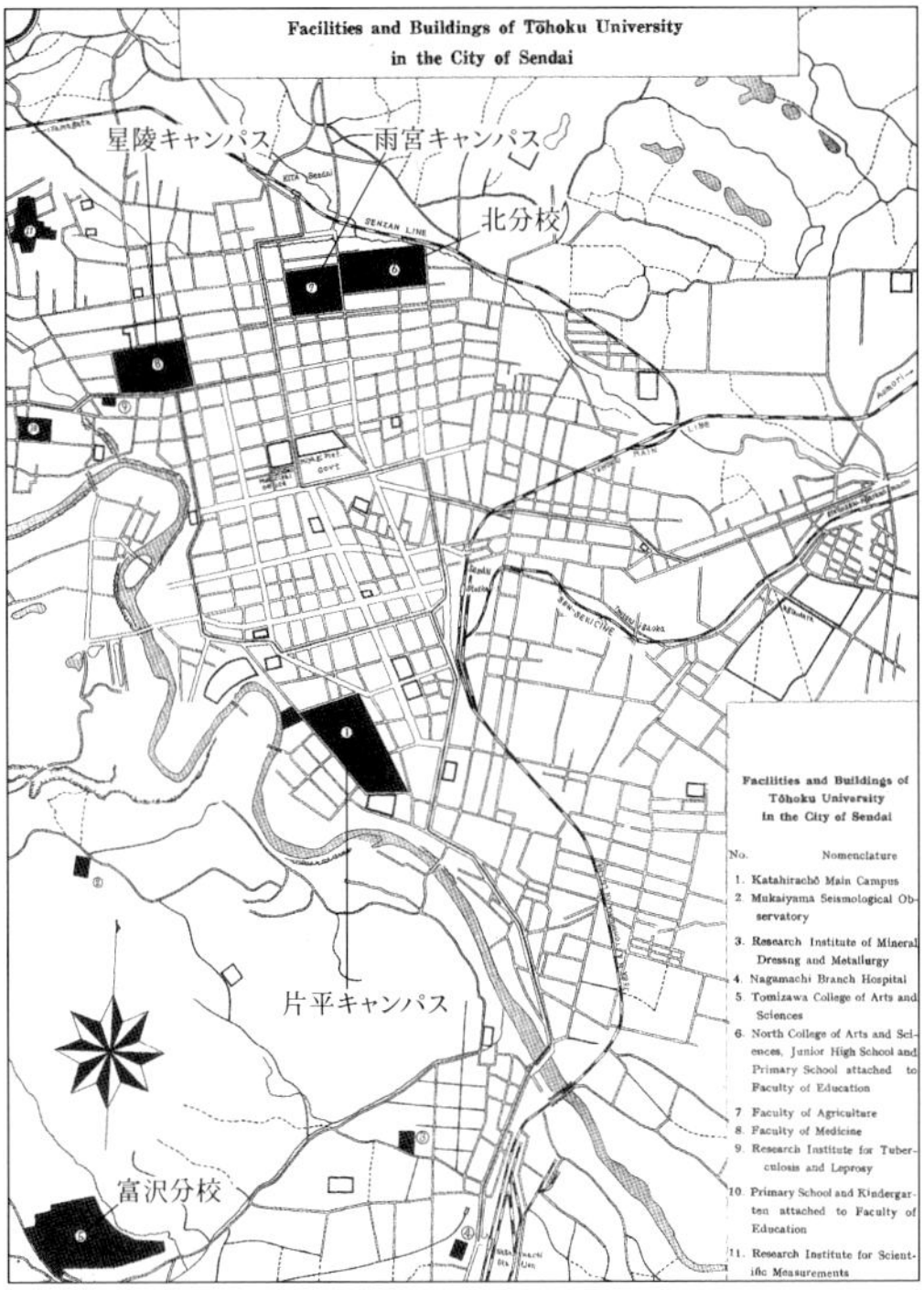

8

部が川内、青葉山に順次移転していくことになる。

片平から青葉山地区への学部移転については、工学部が先鞭をつけることになり、昭和三八(1963)年に工学部機械系三学科の移転が決定される。工学部の青葉山移転は、翌昭和三九(1964)年の工学部機械系三学科等新営工事起工式を皮切りに開始され、昭和四四(1969)年までに完了した。また川内南地区は文系キャンパスとして整備され、昭和四八(1973)年に文学部、教育学部、法学部、経済学部、および附属図書館が川内地区に移転した。その後、昭和五四(1979)年に理学部が青葉山へ移転することで、片平キャンパスからの川内・青葉山キャンパスへの学部移転が完了、この間、片平キャンパスは本部機能と附置研究所を中心としたキャンパスとして位置づけられることとなり、現在に至る東北大学の基本的なキャンパスが形成されることとなった。

［加藤 諭］

8_仙台市内施設位置図(昭和32年)『TOHOKU UNIVERSITY CALENDER』(昭和32年)。黒塗りの部分が東北大学の敷地。

第4節

営繕課の組織変遷とアーカイブズ

1 東北帝国大学における建築掛

第1章第2節でも、東北大学のキャンパス形成に果たした営繕組織の技術者の役割について述べているが、本節では、帝国大学期を通じた営繕組織と人事についてみていきたい。従来こうした組織変遷と職員配置およびその来歴については、十分明らかにされてこなかったが、平成二三(2011)年の公文書管理法施行以降、大学アーカイブズにおいて公文書の移管が進展してきている。本節は東北大学史料館に移管された規程関係綴や任免記録のアーカイブから、東北帝国大学の営繕組織の実態を明らかにしたい。

明治四〇(1907)年に東北帝国大学が創設された当初、大学の事務組織は庶務課と会計課の二課が置かれるのみであったが、明治四五(1912)年三月に文部大臣令達によって建築掛が置かれ、技師一名、技手一名が配置され、技師の中島泉次郎が建築掛長として着任することになる。建築掛は、東北帝国大学理科大学附属観象所の建設や内部模様替えの工事などに携わることから業務を開始し、同年四月に東北帝国大学医学専門部が設置され、医科大学昇格を前提に星陵地区に基礎校舎の新築が始まると、中島をはじめとして建築掛はその建築に関わっていくことになる。基礎校舎群の建設は大正七(1918)年の本館竣工まで続き、医科大学の建築デザインは「青い芝生を囲んで整然と並んで居る建物の美しさに他の大学の人びとが感心する」ものであったという[**1**]。

2 営繕組織の拡充と営繕課

こうした中、大正一〇(1921)年二月に東北帝国大学庶務規程において、建築掛は営繕課に改称されることとなる。当時東京帝大、京都帝大は営繕課、九州帝大は建築課と、課体制になっており、大正九(1920)年11月に

1_医科大学 大正3年(1915)頃(東北大学史料館所蔵)
2_附属図書館本館・書庫大正末～昭和初年頃(東北大学史料館所蔵)
3_営繕事務室(昭和8年頃)(東北大学史料館所蔵)

開催された帝国大学技師会でも各帝国大学技師部局名の統一が議題にあげられていた。こうした中、東北帝大でも掛から課体制への移行が求められたものと思われる。営繕課に改称されるにあたり、中島が掛長から課長にスライドし、新たに書記が一名配置されることになる。また技師、技手の人員も増員されることになり、大正一〇(1921)年四月には小倉強が技師として着任し、大正一一(1922)年までに技手として石垣松三、山田庄治、岩田茂、郡山保、大沼清治らが配属されたことで、大正八(1919)年時点から、技師、技手を合わせた課員数は三倍以上となった。

実際、一九一〇年代の東北帝大は、大正四(1915)年の医科大学設置、大正八(1919)年の工学部設置など、分科大学、学部の設置に伴う土地買収や建物の新設が継続して発生していた。この状況は一九二〇年代に入っても続き、法文学部、金属材料研究所の設置に伴う建物新設のほか、医学部精神科、工学部機械科・金属工学科、理学部の地質・生物学教室、附属図書館など、部局拡充に伴う新営、増設工事が立て続けに行われていくことになる[2]。これらは予算面から裏付けられ、大正七(1918)年に農科大学が北海道帝国大学として分離されたことで、同年の東北帝大の予算は前年比で17万円減少するものの、戦時インフレも影響していたものの、大正八(1919)年からは再び増加傾向に転じ、とりわけ工事に係る臨時費は、大正八(1919)年時点で102万であったものが、昭和四(1929)年時点では、360万円にまで増加していくことになる。

こうした中で、営繕課の役割も増大していったと思われる。建築掛と営繕課の事務所掌を比較すると、建築掛においては「建築、修繕の工事設計及監督に関する事項」であったものが、営繕課では合わせて「二、建物の小破修繕に関する事項　三、暖房給水電気及瓦斯に関する事項　四、器具機械類の設計並製図に関する事項」が加えられている。東北帝大の規模拡大に伴い、新設工事業務のほか、既存建物の維持管理の業務も増加していたことが分かる。

3　一九三〇年代以降の課員抑制

一方で、こうした営繕課の業務範囲が広がることで、工事関係業者との関係も深まっていった結果、昭和八(1933)年、後藤彌兵衛書記が起訴される贈収賄事件が発覚することとなる。この事件は、同年課の責任をとる形で、当時営繕課長を務めていた技師の增田八郎が依願免本官となったほか、大沼清治、三浦正三、小泉龍造の三名の技手も辞表を提出、依願免本官になるなど、大きな人事処分に発展することとなり、課員の減少をみることとなった。以後一九三〇年代から第二次世界大戦期間中を通じて、営繕課の課員数は一九二〇年代の水準には回復することは無く推移した[**表1**]。

昭和八(1933)年の贈収賄事件の影響もありながら、一九三〇年代は一九二〇年代までに比すれば、東北帝国大学全体として、土地、建物の増加は抑制的であった。大正九(1920)年時点での東北帝国大学の総土地面積は205,699平方メートル、建物の延床面積は50,573平方メートルであったものが、昭和四(1929)年時点では、総土地面積は367,407平方メートル、建物の延床面積は99,569平方メートルと、一九二〇年代を通じて、土地面積は約1.8倍、建物面積で約2倍の増加をみている。一方で、昭和一三(1938)年時点での総土地面積は439,134平方メートル、建物の延床面積は129,638平方メートルで、昭和四(1929)年時との比較では、土地面積で1.2倍、建物面積で1.3倍に留まった。当時、東北帝国大学は理科大学開設を周年の起点としていたことから、昭和一一(1936)年には創立二五周年を迎えることになるが、企図はされたものの、東京帝大や京都帝大で一九二〇年代から一九三〇年代にかけて建設された大講堂のような象徴的な建築物の建設も行われることがなかった。土地、建物とも増加傾向にはあったものの、その伸び幅は停滞気味であったといえる。このことが、営繕課の課員数抑制にも連動していたものと思われる。もっともこの時期に建設されたものは、従来の木造やレンガ造りに対して、鉄筋コンクリート造りの二階建て、三階建ての建物が主となっており、現在、登録有形文化財の建造物として現存しているものはこの時期に作られたものが少なくない。また一九四〇年代に入って、再び東北帝大の土地、建物は増加していくが、戦時下ということもあり、課員数の増加には直結しなかったようである。

4 職員進退記録にみる営繕組織の特質（明治～大正期）

東北帝国大学期における建築掛、営繕課にはどのような人材が集まっていたのだろうか。この点、公文書管理法施行以降、東北大学史料館に移管された、職員の人事異動に関する公文書である『任免』の記録から、営繕組織を指揮していた課長級の来歴を中心にたどってみたい。初代建築掛長、営繕課長の中島泉次郎は、明治一七(1884)年に駅逓局御用掛を務めて以降、逓信省、陸軍、文部省などで建築工事に携わり、理科大学が開設されたことにより、前述の通り、明治四五(1912)年三月に技師として東北帝国大学に着任することになる。以降、大正一三(1924)年三月三一日まで、建築掛長、営繕課長として東

4_仙台高等工業学校土木工学科第二回卒業記念：前2列目左から2番目が中島泉次郎（東北大学史料館所蔵）

北帝国大学草創期の建築工事を主導した［4］。

中島の退官後、小倉強が同日付で営繕課長に任命され、二代目の営繕課長となる。中島は帝大卒の技師では無かったが、小倉強は東京帝国大学工科大学建築学科の卒業であった。卒業後小倉は内務大臣官舎建築工事嘱託となり、大正七(1918)年に官舎工事完了後、東京府工師、東京府建築技師を経て、大正一一(1922)年三月、文部技師兼東北帝国大学技師として着任、加えて同年九月には工学部における建築構造の講義も嘱託担当することとなる。小倉は昭和四(1929)年三月に課長職を辞し、文部省在外研究員として渡欧、帰国後の昭和五(1930)年に仙台高等工業学校教授に転出し、昭和二五(1950)年に新制東北大学に包摂されて以降は、東北大学教授を務めた。

5　職員進退記録にみる営繕組織の特質(昭和初期)

次いで第三代営繕課長を務めたのは、増田八郎である。増田も東京帝国大学工学部建築学科の出身で、大正一〇(1921)年卒業後、内務大臣官房都市計画課事務取扱嘱託、内務技手、警視庁技師、内務技師、復興局技師を経て、昭和四(1929)年三月に東北帝国大学技師として着任、同月課長職を拝命している。小倉は明治二六(1893)年生まれで、増田は明治二八(1895)年の生まれと、小倉と増田はほぼ同年代の技師であった。小倉が渡欧中は、東北帝国大学工学部における建築構造の嘱託担当を引継ぎ、昭和五(1930)年には嘱託から助教授へ任用替となっている。増田は東北帝国大学における、大学教官が営繕課長を務める初めての事例となった。しかし、昭和八(1933)年三月、前述の通り、営繕課における贈収賄事件の責任をとる形で退職することとなる。このため、昭和八(1933)年三月から九月まで小倉が、増田の代員として東北帝国大学講師嘱託となり、建築構造学の講義を担当した。

増田の退職後、第四代営繕課長は堀井啓治が務めることになる。堀井は、大正一二(1923)年東京帝国大学工学部建築学科を卒業後、財団法人東京市政調査会の建築に関する調査嘱託、警視庁技師を経て、昭和八(1933)年四月に東北帝国大学技師として営繕課長の任に着くこととなる。また昭和一四(1939)年八月に地方技師として愛知県に転出するまで、小倉が短期代員していた、工学部の建築学の講師も昭和八(1933)年九月以降引継いだ。

堀井が愛知県に転出した後、昭和一四(1939)年九月に楠冨士太郎が営繕課長事務取扱を嘱託し、同年一〇月に正式に技師として着任、営繕課長となる。楠はこれまでの営繕課長が主として官吏畑であったのに対し、民間で経歴を積んでいた人物であり、大正一五(1926)年東京帝国大学工学部建築学科を出た後、竹中工務店、山下壽郎建築事務所、台湾電力を経ての着任であった。また楠もそれまでの営繕課長同様、工学部講師を嘱託され、建築構造を講義した。楠が昭和一七(1942)年八月に

表1_東北帝国大学営繕組織職員数推移

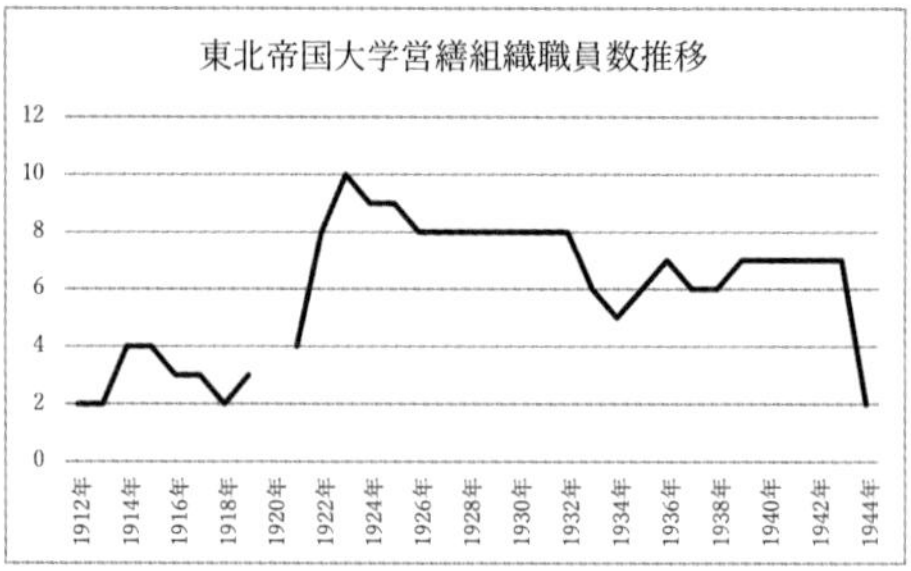

表2_東北帝国大学営繕組織掛長·課長級変遷表

※ 本多智蔵は期間を通じて事務取扱

組織名称	氏名	着任日	転出/退官日
建築掛	中島泉次郎	1912年3月31日	1921年1月31日
営繕課	中島泉次郎	1921年2月1日	1924年3月31日
	小倉強	1924年3月31日	1929年3月28日
	増田八郎	1929年3月28日	1933年3月25日
	本多智蔵	1933年3月25日	1933年4月28日
	堀井啓治	1933年4月28日	1939年8月22日
	楠冨士太郎	1939年9月24日	1942年8月18日
	石沢貞義	1942年9月30日	1943年6月30日
	田口完	1943年6月30日	1947年9月15日

退官すると、戦時期であったことも関係しているのか、技師としての後任がすぐに決まらず、営繕課長は空席のまま、事務官であった石澤貞義が課長事務取扱を務め、昭和一八(1943)年六月に陸軍兵技大尉であった田口完が、営繕課長事務取扱として着任する。田口は昭和三(1928)年三月に東京帝国大学工学部建築学科を出た後、農林技手から陸軍将校に転じていた人物で、その後昭和二二(1947)年まで営繕課長を務めることとなる。

こうしてみると、建築掛長、営繕課長を通じて長職は技師が務め、小倉強以降、帝国大学期の営繕課長はほぼ東京帝国大学建築学科出身者、とりわけ技術畑の官吏経験を積んだ者が占めていたことが分かる。また、その多くが工学部の建築構造に関する講義を嘱託されていた。とりわけ、増田八郎は工学部助教授の立場にもあり、小倉強も渡欧後、仙台高等工業学校教授となり、新制東北大学に包摂された後は東北大学工学部の教授となっている。

東京帝国大学の事例でも、両大戦間期に内田祥三(後に第一四代東京帝国大学総長)が工学部教授の立場で、営繕課長を兼務し、関東大震災後のキャンパス復興を主導しており、帝国大学の営繕課長級は、一面大学教官としての顔も持ち合わせていたといえる。加えて東北帝国大学の営繕課長は生え抜きではなく、外から着任し、数年勤務の後また転出するのが通例となっていた。このように東北帝国大学の営繕課長級ポストは、課内生え抜き技手の昇任による上がりポストというよりも、東京帝国大学工学部建築学科卒業生を中心とした人脈を軸として、彼らのキャリアパスの一つの通過点として位置づけられていたようである［**表1・2**］。

［加藤 諭］

この言葉は、建設当初から継続する「真正性」「真実性」「本物らしさ」を意味し、しばしば建造物の価値を理解するときに用いられる。歴史的建造物を修理するにあたって、残すところとそうでないところの評価が重要であることは言うまでもないが、この評価や取捨選択を適切に行うためにも、この概念が重要な意味をもつ。「本物らしさ」を担保する部分をむやみに改造してしまったら、建物全体の存在意義すら揺らぐことになりかねないからである。

この概念を考えるにあたって、建築史学や文化財学で議論されてきた、いわゆる「復元·復原」をめぐる問題も想起する必要があるだろう。かつて建築史学では、現存遺構を研究するときに、創建当初の一時点を重視する風潮があった。異論もあるが、一般に「復原」は、現存する壊れたものを痕跡などにしたがってある時代の姿へ修理·修復すること、いっぽうの「復元」は、失われたものを一定の根拠にしたがって新たに再現·再建することを意味するが、いずれの場合も、設計者の意図があらわれた当初の姿が一番美しいとする態度がかつてはあった。この態度のもと、文化財修理の現場でも、創建当初への「復元·復原」が是とされる傾向にあったのだ。

しかし近年、歴史的建造物を保存あるいは再生するとき、創建当初の姿のみを求めることに批判的な論者が増えてきた。建築の誕生から今に至るまでに施されてきた、修理の痕跡をも評価すべきだという考えが謳われるようになったのである。

建築は創建されて終わりではない。この世に誕生したのち、さまざまに使われ出来事を生み続けてゆく。この過程で、増築や改造などのように、建物自体が社会の変化とともに変更されることもあるだろう。これら一つひとつの出来事が継起し、その時々の意味を帯びながら履歴を重ね成長するのだ。にもかかわらず、創建当初という一点の過去のみを無条件に礼賛することは、創建から現在にまでに起きた、さらにはこれから起こりうる建築での人々の営みでさえ、事々物々のかけがえのない歴史を無視することにもつながってしまう。

この創建当初のみを礼賛する見方は、他方で歴史的建造物が骨董品としてのみ価値を有するという誤解を一般に与えてきたように思う。むろん、歴史的建造物の「古い」という資料的価値も重視すべきであるのは言うまでも無いが、他方で、現存するものの多くが現在進行形で使われている存在でもある。ほかの文化的所産とくらべて、建築のきわだった特異性の一つがここにあると言っても過言ではない。保存あるいは再生をするにあたって、創建から現在に至るまでの建物に刻まれた履歴すべてが、等しく評価や取捨選択の対象となるのだ。ひとつの建築にみるオーセンティシティも、さまざまな評価と取捨選択のもと、多角的かつ多重の時制から議論されうるものなのである。

3｜生きられる歴史的建造物を育てる

歴史的建造物は骨董品と似て非なるものである。現在の使われ方に合わせて、オーセンティシティの多義的な評価をもとにしたリ·デザインが可能だ。平成31年には改正された文化財保護法が施行され、国が担ってきた保存·活用のための計画策定などを、各自治体や民間が担えるようになった。中央から地方へ、歴史的建造物を適切に利活用するための、業務のアウトソーシングが活性化しつつある。先にも触れた重要文化財をめぐる手続きの弾力化も、この法改正に基づいたものだ。このリ·デザインの在り方を、所有者や地域の知恵で考え、推進する時代がいよいよ本格的に到来したのである。

歴史的建造物は、骨董品や標本ではなく、言わば生きられる存在だ。私たちと同じ様に歳を重ね、何かしらのオーセンティシティを持続させながら適宜かたちが変容していく、ある種の生物のような存在だ。片平地区を中心とした〈学都〉の風景の未来は、この古くて新しい歴史的建造物をめぐる、我々の構想力にこそかかっている。都市や建築を「いかに建てるか」、という考えから一歩進んで、「いかに育てるか」というマインドセットの変革が重要となるのである。

生きられる歴史的建造物を育てる｜野村 俊一

COLUMN 1

近年、仙台市青葉区の片平地区を中心に、高等教育機関の歴史的建造物や歴史資料が立て続けに文化財として評価されている（巻末地図「片平・南六軒丁地区の歴史遺産」を参照のこと）。現在、重要文化財や登録有形文化財の歴史的建造物が、軒を連ねることになっているのだ。では、これら文化財の種類にはどのような違いがあるのだろうか。建造物の場合に限定し、基本的な法制度の特徴を見てみよう。

1｜文化財建造物の種類と制度

歴史的建造物にはさまざまな種類がある。なかでも代表となるのが、指定制度による「国宝」・「重要文化財」と、登録制度による「登録有形文化財」だ。

国宝・重要文化財は、修理経費の補助金が国や地方自治体から付くほか、相続税の軽減や固定資産税の免除など、維持管理上の支援措置がさまざまに施される。ゆえに、仮に災害などで破損が生じても、建材が無事である限り未来に残る可能性が高い。他方で、建物の形や立地などを現状変更しようとする場合、歴史的価値が損なわれないようにするためにも、文化庁長官の許可が必要となる。近年、特定の条件下において、この許可を届出で済むようにするなど手続きの弾力化が可能となったが、いずれにせよ現在進行形で使い続けるには、やむを得ない制限がさまざまに生じる。

いっぽうの登録有形文化財は、修理経費についての補助が原則ない。設計監理費の半分が補助されたり、固定資産税など税金の一部が控除されたりといった支援措置があるものの、被災した建物を修理するとなると、満足に賄うことが難しい。

しかし、登録有形文化財は注目すべきほかの特徴をもつ。建造物を現状変更する場合、基本的に届出だけでよく、国宝や重要文化財と比べてその規制が緩やかである。さらには、内装に限定した改修や、外壁や屋根などの望見できる外観のうち「四分の一以内」の改修、あるいは破損してもその範囲が甚大でなければ、原則届出が必要ない。このように、指定文化財と比べて現状変更や改造のための余地がわりあいに多いことから、建物のブランディングを施しつつ、現在の需要に沿いながら現在進行形で利活用しやすいのである。

登録有形文化財にみるこれらの特徴は、この制度が成立した目的や背景と密接に関わる。この制度は、急激に消滅していく歴史的建造物を保護する目的で、阪神淡路大震災が大きなきっかけとなり1996年に誕生した。この震災時に未指定文化財が数多く失われ、さらには当時の都市化にともなう開発や居住形態の変化なども要因となり、価値を十分認識されないまま取り壊されてしまうものが後を絶たなかった。この状況に歯止めを掛けるためにも、この制度がつくられたのだ。

現状変更や改造の余地がわりあいに多く残っているということは、メンテナンスをするときや、震災などで破損した時の対応も柔軟にできることを意味している。たとえ予想に反して壊れてしまっても、甚大な被害でなければ、予算や使い方と相談しながら少しずつ臨機応変に修理を、場合によっては価値のある部分を適切に評価しながら、ほかの部分を改造することもできる。修繕や機能転換を施す「リノベーション」や「コンバージョン」という言葉を聞いたことがある向きも多いだろう。その担い手となる建築家や工務店が積極的に関われる余地が、ここにはあるのだ。

2｜「オーセンティシティ」の多義性

言うなれば登録有形文化財は、過去の歴史的建造物を、現在の需要を考慮しながら、未来のためにより柔軟に利活用できる存在といえるだろう。ただし、まったく自由に改造できるわけではない。不適切な利活用により、その建造物の歴史的価値が失われてしまえば元も子もないからだ。この価値を考えるのに重要な概念の一つが、「オーセンティシティ」だ。

室棟（現：東北大学本部棟1）、そして、旧東北帝国大学附属図書館閲覧室（現：東北大学史料館）である。さらに2021年には旧東北帝国大学理学部生物学教室、旧東北帝国大学法文学部第二研究室、旧東北帝国大学工学部機械学及び電気学教室、旧東北帝国大学工学部機械学及び電気学実験室、旧仙台高等工業学校建築学科棟、本多記念館、旧制第二高等学校正門、旧東北帝国大学正門（東北大学正門）の8件の建造物が追加で登録される予定となっている。合計13件の登録は2021年段階で、国立大学中でも最大であり、先導的な取組みであるといえる。

片平キャンパスは東北大学創設の地であるものの、1950年代後半から70年代前半までの川内・青葉山地区の移転を経て、1988年には再開発計画が、また1990年代には片平キャンパスの売却構想が浮上することになるなど、キャンパスの方針は20世紀後半揺れ幅があった。しかし、2000年代に入ると市民からの近代建築保存運動もあいまって、2002年には売却方針が見直され、2007年のマスタープランの作成を経て、片平キャンパスは歴史を紡ぐ歴史的建造物を適切に維持・保全・活用する方向に舵が切られていくことになった。史料館をはじめとする明治期から昭和初期における建造物の登録有形文化財登録は、こうした東北大学のキャンパス計画を象徴するものとして進められたのである。

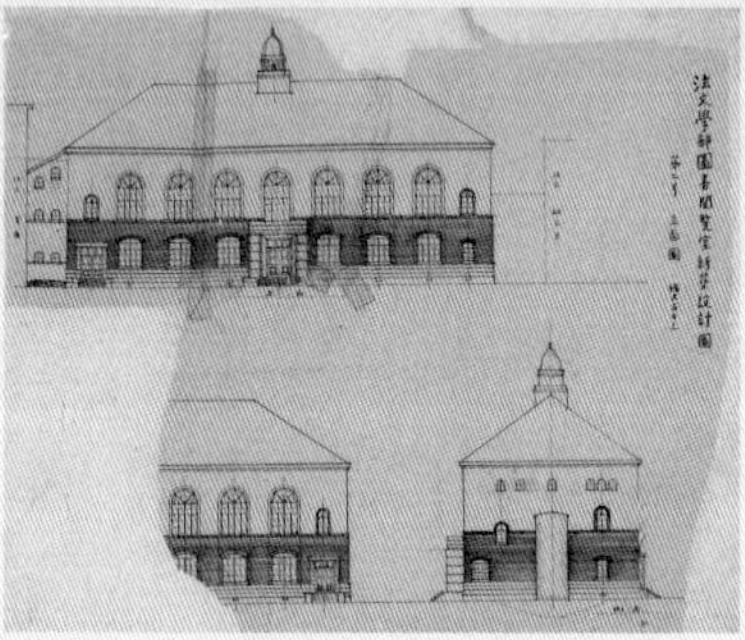

4 東北大学における公文書の登録有形文化財登録

こうした学内建物の登録有形文化財登録は、関連建築資料に対する再評価への動きにつながっていくことになる。本部施設部では申請対象の建物に関する建築図面などの保存状況の再確認がなされ、竣工当時の建築図面は特定歴史公文書等として、2018年度までに公文書管理法に基づき史料館への移管がおこなわれた。同年は明治改元から150年の節目にあたり、文化庁国立近現代建築資料館で「明治期における官立高等教育施設の群像―旧制の専門学校、大学、高等学校などの実像を建築資料からさぐる」が開催され、史料館からも明治期の旧制第二高等学校の建築図面が出陳され、学内外で建築資料の適切な保存と利活用が進んでいくこととなる。そうした中で、従来建築図面を含めた建築資料を数多く集積してきた東北大学工学研究科都市・建築学専攻と、史料館とが連携して所蔵資料の目録を整備し、その成果は2019年「建築教育・研究資料（仙台高等工業学校建築学科旧蔵）」「官立高等教育機関営繕組織近代建築図面（東北帝国大学営繕課旧蔵）」2件の登録有形文化財（美術工芸品）登録に結実することになる（史料館が関与したのは後者）。国立大学における建築資料の登録有形文化財登録は京都大学に次いで2番目の事例であり、大学アーカイブズ所蔵の歴史公文書としては、初めての事例となった。

おわりに

大学における建築図面は、建物が存在している一定の期間、常用の現用文書として施設系部署が文書管理していることが多く、一律に保存期間の年限を設定することが難しい。また公文書管理法施行以前においては、先述の通り、東北大学では工学研究科都市・建築学専攻などが建築史の観点から学内建築資料を保全してきた歴史的経緯も有している。建築資料の保存と利活用は、歴史的経緯も踏まえた学内諸組織の連携が、今後より一層重要になってくるであろう。

図2：旧東北帝国大学附属図書館閲覧室建築図面（東北大学史料館所蔵）

大学アーカイブズにおける公文書と文化財｜加藤 諭

COLUMN 2

1｜大学アーカイブズとは何か

筆者が所属する東北大学史料館（以下、「史料館」とする）は、1963年に設置されて以来（当時の名称は東北大学記念資料室）、英語表記を「Tohoku University Archives」としており、組織名称に「Archives」を用いた日本で初めての大学アーカイブズとされている。アーカイブズとは、組織業務を行う過程で作成収受する文書と、その保存利用施設を指す用語であり、大学アーカイブズは、大学に置かれたアーカイブズ資料のための専門機関ということになる。

2011年に日本では、公文書等の管理に関する法律（以下、公文書管理法）が施行され、国や独立行政法人等から歴史的な公文書の移管を受ける施設を、「国立公文書館等」として指定することが定められた。国立大学の中で、この国立公文書館等の指定を受けている大学アーカイブズは全国で12あり、史料館もその一つである（厳密には史料館の公文書室セクションが指定を受けている）。国立公文書館等に移管された公文書は原則として永久保存することになっており、2021年現在、史料館が保有している歴史公文書等は10,000件を越え、大学の歩みと共に、その件数は今後も増加していくことになるだろう。

2｜公文書と文化財

こうした公文書管理に関する法制度に先立ち、日本では文化財保護制度として、文化財保護法が1950年に制定されている。文化財保護法のもとで近代以降の公文書を指定する動きは、平成年間に入るまでほとんどなされなかったが、1990年代後半以降、近代の文化財指定が促進されるようになり、1998年国立公文書館所蔵の「公文録（図表共）並索引」が重要文化財に指定されたことに象徴されるように、以降公文書を内容の中心とする近代文書群が相次いで文化財の指定を受けるようになった。公文書管理法下では、国立公文書館等に移管された歴史公文書等を「特定歴史公文書等」として適正な管理をすることになっているが、この特定歴史公文書等が、文化財保護法に基づく重要文化財や登録有形文化財の指定、登録を受けることも可能となっている。2021年現在、先述の「公文録（図表共）並索引」は特定歴史公文書等として国立公文書館で管理されている一方で、重要文化財の指定を受けている近代文書群ということになる。

国立大学における大学アーカイブズが所蔵する、歴史公文書が文化財の指定を受けたものとしては、東京大学史史料室（現：東京大学文書館）と、東京大学附属図書館（総合図書館）において保管されている「東京大学史関係資料」が、2013年に重要文化財に指定されたことがあげられる。これは大学史の歴史資料として初めての事例となった。

3｜東北大学における建造物の登録有形文化財登録

一方、史料館では建造物の登録が公文書に先駆けて進展した。2017年、東北大学片平キャンパスにある5件の建造物が登録有形文化財の登録を受けることになる。旧仙台医学専門学校博物・理化学教室（現：東北大学本部棟3）、旧仙台医学専門学校六号教室（現：東北大学魯迅の階段教室）、旧第二高等学校書庫（現：東北大学文化財収蔵庫）、旧東北帝国大学理学部化学教

図1：旧東北帝国大学附属図書館閲覧室（現：東北大学史料館）

第2章

軍都から学都へ——川内の展開

第1節　近代における建物配置の変遷

1　東北大学川内キャンパスの変遷

川内キャンパスの所在する場は、江戸時代には仙台城二の丸（南キャンパス）と武家屋敷（北キャンパス）が位置していた。その後の明治四（1871）年の廃藩置県後、仙台城が明治政府の管轄下に移り、二の丸には東北鎮台（後に仙台鎮台）が置かれる。二の丸の建物は鎮台本営として引き続き利用された。しかし、明治一五（1882）年の火災にて、二の丸建物のほとんどが焼失する。明治一九（1886）年に仙台鎮台は陸軍第二師団に改称され、第二次世界大戦敗戦時まで川内における軍事施設は継続して利用された。この第二師団期（以下、師団期と呼称する）には、川内南キャンパスに師団司令部が置かれ、川内北キャンパスには歩兵連隊や教導学校等の多数の陸軍関連の軍事施設が設置されていた。

昭和二〇（1945）年の第二次大戦後は、川内地区のかつての軍用地が、米軍の駐屯地であるキャンプ・センダイとなる（以下、この期間を米軍期と呼称する）。昭和三二（1957）年に米軍からの返還を受け、そのほとんどを東北大学が使用し、一部は仙台市の公園となった。この時の経緯については、『東北大学百年史』に詳しい。

2 発掘調査で確認された近代の痕跡

筆者が所属する埋蔵文化財調査室では、学内の開発行為に伴う事前の発掘調査等を実施している［1］。川内キャンパスの発掘調査では、大学の整地層の下から近代の様々な痕跡が発見される。例えば、平成五・六(1993・1994)年度の川内北キャンパス保健管理センター新営に伴う発掘調査では、二の丸の堀を埋めるように第二師団輜重隊が廃棄したと考えられる遺物が大量に出土し、軍隊における平時の生活を探る上で重要な資料となった(藤澤ほか1999)。本節と次節では、こうした川内キャンパスにおける発掘調査成果を元とし、近代における建物に関連する事項について概観したい。

過去の地形図や残された建物配置図等から、師団期・米軍期の建物の空間的配置についてはある程度把握していたが、建物自体の詳細な情報は不明なままであった。一方、発掘調査では近代の建物跡を確認している。

平成二五(2013)年度には、現在の川内北

1_川内北キャンパスの発掘調査地点:着色部がこれまでに調査した地点となる。

3

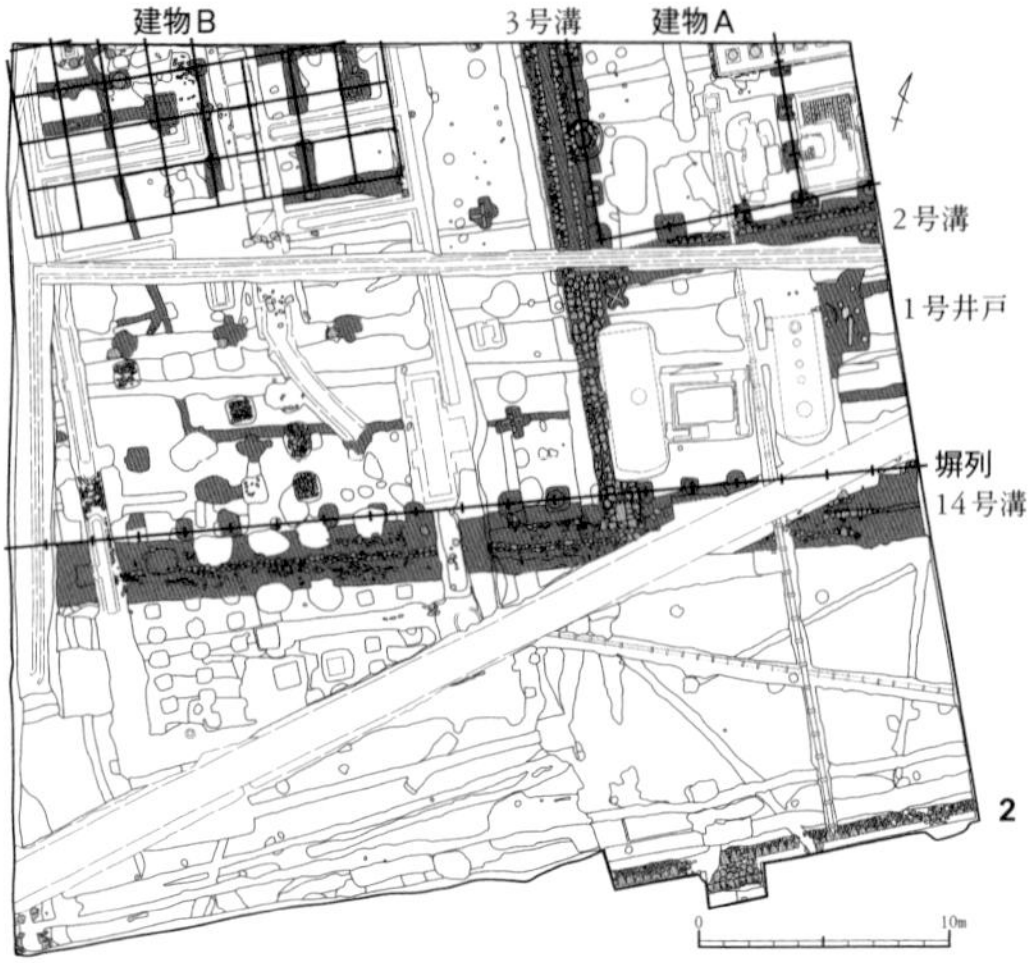

2

5

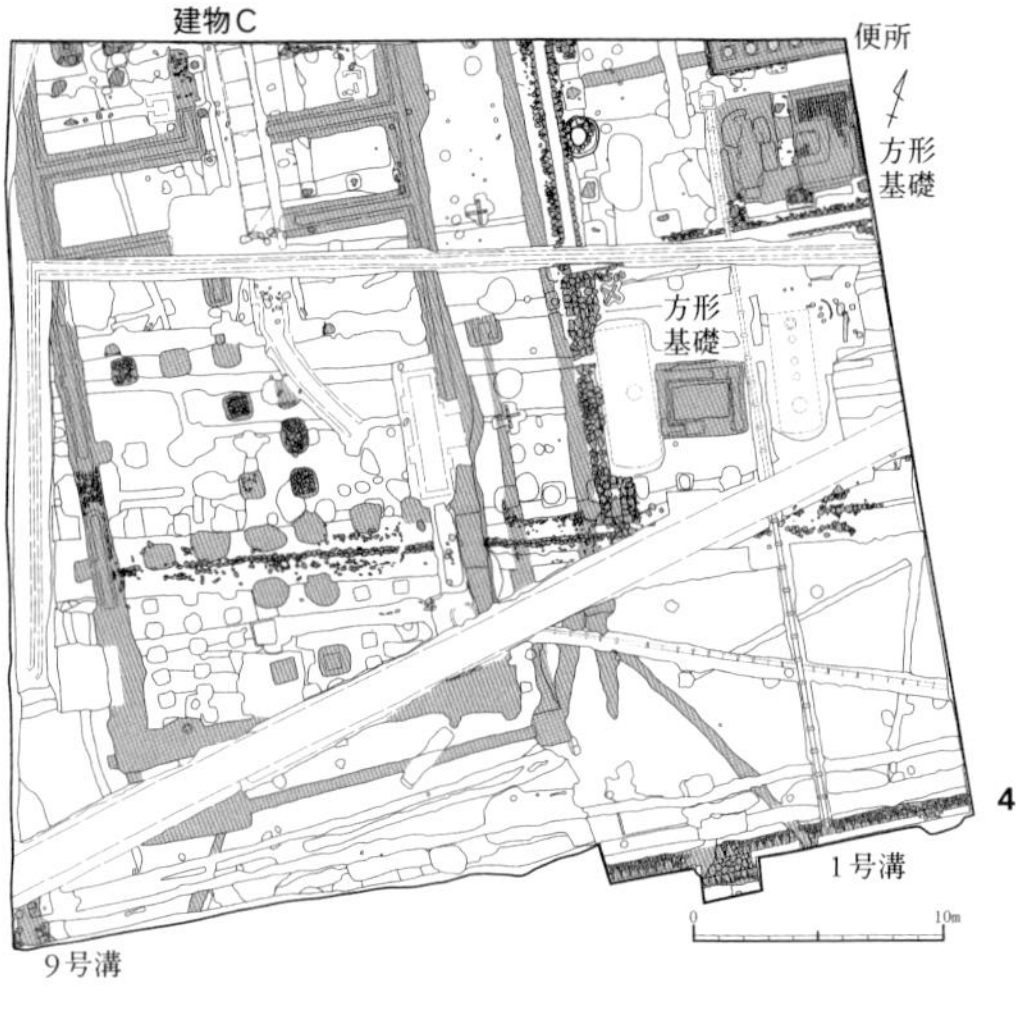

4

6

2_BK16 Ⅲ a期遺構配置図｜**3**_2号溝と建物Bの基礎｜**4**_BK16 Ⅲ b期遺構配置図｜**5**_建物Cの基礎｜**6**_便所遺構

キャンパスの教育・学生総合支援センターの建物建設に伴う発掘調査（仙台城跡二の丸北方武家屋敷地区第16地点、以下BK16地点と称する）では、近代の建物の基礎を多数確認することができた（菅野ほか2016）。この地点の発掘調査報告書において、Ⅲ期とした時期が師団期となる。この時期は、遺構の重複関係等から、最低でもⅢａ期とⅢｂ期の前後関係があることがわかった。

Ⅲａ期は、2・3・14号溝で区画される中に建物と井戸が位置する［**2**］。14号溝に沿って並ぶ柱穴は、塀跡と考えられる。この塀の外側に筋違橋通（現在の扇坂のバス通り）が通ることになる。また、2・3号溝沿いにも規模の大きな礎石を有する柱穴が確認され、これは建物の一部（建物A）と考えられる［**3**］。2・3号溝は、その建物の側溝と考えられる。西側に小規模な建物Bがある。この建物Bの基礎は、布掘りした後に石を敷き詰め、小さな礎石を据えるものである。その他にも柱穴があるが、うまく組合わないため詳細は不明である。

建物Aの礎石は、1メートル四方の方形の掘込の中央に径50センチメートル以上程の巨大な礫を置き、その周囲に10〜30センチメートル程の円礫を入れ、それを数段繰り返すものである。この基礎は、川内地区ではよく認められる。調査区によっては、周囲の円礫を長楕円形のものとし、その小口方向を縦にして緊密に入れるものがあり、かなり堅固な構造となる。バールのような工具を使って一つずつ外さないと取り出すことはできない。中央の巨礫も一人ではとても持ち上げることのできない重量のものである。このような堅固な基礎を有する建物は、かなり重量のある建物であったことが窺える。一方、建物Bの礎石は、径30センチメートル程の礫がほとんどであり、建物Aの様相とは明らかに異なる。

Ⅲｂ期には、14号溝で区画されていた陸軍敷地の南端がさらに南側へと移り、1号溝により区画される［**4**］。南西端に認められる9号溝は、位置とその構造から1号溝と接続するものと推定できる。溝の内側には、塀のような遮蔽施設の痕跡は認められない。

Ⅲb期の建物Cは、かなり規模が大きく、発掘区の西側全面に広がる。東西幅は約150メートルとなるが、建物北側が調査区外へと伸びるため南北長は不明である。この建物Cの基礎は、大きく布掘りした溝に円礫を敷き詰め、その上にコンクリート製の方形の土台を据えるものである[5]。その上にレンガを積み、そのレンガはモルタルで堅固に固められている。建物Cの南側では、異なる基礎も認められる。その基礎は、1メートル四方の方形の土坑に川原石を充填させ、その上に方形コンクリートの基礎を設置するものである。この違いの理由については後ほど解釈したい。何れにせよ、コンクリートを用いた基礎構造であることが特徴的である。このようにコンクリートを用いた基礎を有する別の遺構としては、調査区北西側に同様の基礎に陶製甕を埋め込んだ便所[6]のほか、用途不明の方形の基礎が2基存在する。

3　残された記録から考古資料を読み解く

発掘調査で確認された遺構・遺物等の考古資料は、それだけではその用途等の詳細は不明である。その詳細を調べるために重要な資料となるのは、当時の文章や絵図、建物配置図や地形図などの記録類である。それらとの比較対照により、考古資料の詳細を読み解くことができる。

(1)絵葉書　最初に、陸軍敷地と外界を区切る遮蔽施設についてである。Ⅲa期では、14号溝の内側に並ぶ柱列が塀跡と推定できた。規模の大きな溝としっかりとした基礎を有する塀は、陸軍施設と外界を画するのにふさわしい。しかし、Ⅲb期では、1号溝の内側には塀のような区画施設の痕跡は確認できていない。陸軍施設であることを考えると、塀のような遮蔽施設が無いということは考えづらい。

図7は、「仙臺第二師団兵営」と題された絵葉書である。写真ではなく、「兵営」とのみしか書かれていない

ため、正確な年代や場所等の詳細は不明である。この絵の左側には板塀があり、奥方の板塀前面には溝が見える。塀の中には木造建物があり、そして塀の切れ間には守衛詰所がある。おそらく、この木造建物が「兵営」なのだろう。この塀の基礎がどのようなものかは不明であるが、おそらくⅢb期の1号溝の内側には、このような板塀が巡らされていたと考えられる。その基礎がどの様なものであったのかは不明であるが、浅い掘り込みしか必要としない基礎構造の場合は、その後の開発で削平されてしまい、発掘調査では確認できない可能性が高い。

（2） 建物配置図と空撮写真　コンクリートを用いた基礎を有している建物の性格等の詳細を確認するため、この調査区と過去の建物配置図・地形図を比較する［**8**］。まず、昭和五八（1983）年の「東北大学川内青葉山地形図」に調査区範囲を記入し、その地形図と昭和三九（1964）年のキャンプ・センダイの建物を大学が使用していた際の建物配置図［**8**–①・②］と重ね合わ

7

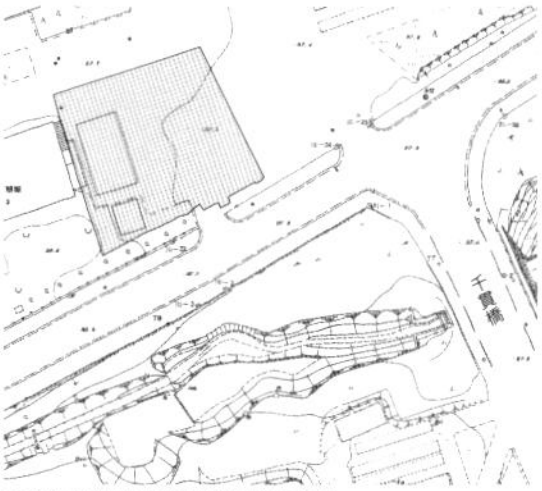

①東北大学川内青葉山地形図（1983年）

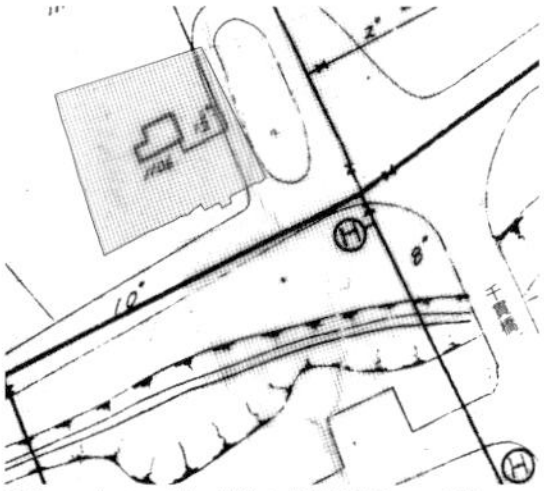

②キャンプ・センダイの建物を大学が使用していた際の建物配置図（1964年）

③師団期の建物配置図（1940～1943年）

8

7_「仙台第二師団兵営」絵葉書｜**8**_BK16地点調査区の過去の地形図・建物配置図

せる。その重ね合わせの際には、仙台上町段丘と仙台中町段丘の間の段丘崖や、千貫橋の位置等の位置が変わらない特徴を目印としている。

同様の手法を用いて、昭和一五～一八(1940～1943)年の師団期の建物配置図(佐藤2000／以下師団期建物配置図と称する)「**8**-③」とも遡って重ね合わせることができる。この建物配置図は、昭和二〇(1945)年に米軍によって撮影された空撮写真「**9**」から判別できる建物配置とほぼ同じであり、終戦時まで大きな変更がなかったことがわかる。なお、他の有益な資料としては、昭和九(1934)年に刊行された『仙台陸軍教導学校要覧』に掲載されている空撮写真がある「**10**」。この写真は斜めから撮影されているため、正確な比較は難しいが、師団期建物配置図と昭和二〇(1945)年空撮写真の建物配置とは異なっていることは明瞭である。まずは、資料が多く概要をつかみやすい新しい時期、Ⅲb期の方から検討したい。

重ね合わせ図から、Ⅲb期の規模の大きな建物C「**4**」は、師団期建物配置図の「機関銃隊学生舎」であることが判明する。その東南には砲廠の建物があったようであるが、この建物基礎は確認されていない。昭和九(1934)年空撮写真では「砲廠」建物は確認できないことから、この砲廠は昭和九(1934)年から昭

9

10

9_川内北キャンパス中央部分空撮写真｜**10**_仙台陸軍教導学校空撮写真

和一五〜一八（1940〜1943）年の間に新たに作られた建物であることが判明する。先の塀跡と同様に基礎の掘込が浅いためか、あるいは地上面に礎石を置いた様な基礎であったため、後の削平で現代の発掘調査では確認できなくなってしまった可能性がある。また、Ⅲa期に時期比定した1号井戸［**2**］は、師団期建物配置図にも「10号井戸」として記載があることから、Ⅲb期にも継続していたと考えられる。この井戸は小さいためか、空撮写真では判然としない。

（**3**）絵図・地形図　Ⅲa期からⅢb期への大きな変化は、陸軍敷地の南端がより南側に移ることである。この件について調べるためには、先に上げたような建物配置図・空撮写真以外のより古い手がかりが必要となる。その一つとして、精密性に問題はあるが絵図や地形図がある。

第二師団関連の建物が川内北地

①1888（明治21）年「仙台」
②1893（明治26）年「仙台市測量全図」
③1905（明治38）年「仙台南部」
④1930（昭和5）年「仙台西北部」

11

11_川内地区の過去の地形図・絵図

区に描かれている最初の地形図は、明治二一（1888）年の地形図である［11─①］。この地形図では、川内北キャンパス中央部には「歩兵第十七連隊」、現在のテニスコート等がある西側の区画には「輜重隊」の文字が見える。その後の明治二六（1893）年の「仙台市測量全図」［11─②］では、以前の地形図より多くの建物が描かれている。さらに明治三八（1905）年の地形図「仙台南部」では、「歩兵第十七連隊」の場所は「歩兵第二十九連隊営」に変わる［11─③］。

この場所に昭和二（1927）年に仙台陸軍教導学校が入り、昭和五（1930）年の地形図では「教導学校」の文字が見える［11─④］。この地形図では、筋違橋通の道筋が変化している。教導学校と輜重隊と境は、それまでは鉤の手状になっていたが、昭和五（1930）年地形図では直線となっている［11─③・④］。そして、それと共に二の丸の北側の堀の形状が変化する。このように堀を埋め立てる様な大規模な造成が実施されたことを踏まえると、陸軍敷地南端がより南へと拡張されたのは、この仙台陸軍教導学校が入った時期ではないかと推察できる。つまり、Ⅲb期は仙台陸軍教導学校が所在していた時期の遺構群であると考えることができる。

昭和五（1930）年の地形図には、建物C［4］の位置に長軸方向が建物Cより短い建物が描かれている［11─④］。この建物を建物Dとする。明治三八（1905）年の地形図には、この建物Dは認められない。地形図の精度に注意は必要ではあるが、周囲の建物との位置関係からしてもこの建物は明らかに小さい。年代的な関係から、建物Dは建物Cの前段階と考えられる。そして、発掘調査で確認された建物Cの南側の礎石を用いた基礎部は、この建物Dの基礎に該当すると推定する。その後、北側に向かって拡張あるいは建て替えをしたものと考えられる。

ところで、Ⅲb期の便所・方形基礎の建物については、師団期建物配置図には掲載されておらず、「10号井戸」周辺のその場は空白域となっている。昭和二〇（1945）年の空撮写真では、解像度が低いため判然としない。現在の所、Ⅲa期よりは新しいが詳細不明の遺構と判断せざるを得ない。

また、Ⅲａ期は、仙台陸軍教導学校以前の歩兵第十七連隊（明治一八（1885）年創設）か、第二十九連隊（明治三一（1898）年創設）の時期の遺構と考えられる。この時期については、検討する資料が地形図・絵図しか無い。比較的精度があると推定できる明治二六（1893）年仙台市測量全図では、Ⅲｂ期の建物Ｃがあった場所には、小さな２棟の建物が描かれている。この歩兵第十七連隊の２棟の建物は、塀跡からの距離、建物間の相互関係から考えると、発掘調査で確認した建物Ａと建物Ｂ［2］に該当するものと推定できる。明治三八年（1905）年地形図に描かれるこの場の第二十九連隊の建物も、同様に２棟のみである。建物規模や位置関係からすると、これも建物Ａと建物Ｂと推定される。これより詳細な資料がないため、これらの建物がどの様な性格の建物であったのか不明である。これは考古学の限界である。新たな資料の発見を期待したい。

　なお、この調査区の中では、米軍期の建物基礎も認められた。報告書ではⅣ期とした時期にあたる。Ⅳａ期にはボイラーを配管した共同溝や大型のガソリンタンク２基等のライフラインが整えられ、Ⅳｂ期には小さな建物が設置される［12］。重ね合わせ図から、これに該当する建物は米軍期の建物配置図で「1106」と書いてある小型の建物になる［8-②］。ガソリンタンクがあり周囲に何も構造物が無い広場となっていることから、ガソリンスタンドと推定される。この建物は、大学に移管されてからは

12_BK16地点Ⅳ期の遺構配置

守衛室となっている。

このように発掘調査成果と建物配置図・地形図を照合させることにより、発掘調査で確認された建物基礎が、どの様な建物なのか判明する。ただし、その後の削平等により発掘調査では確認できない場合もある。また、建物配置図・地形図共に毎年作成されているわけではないことから、発掘調査では確認できたが、記載されていない建物もある。さらに、建物の上屋構造については、建物図面が残されているものであれば判明するが、大体の場合は残っていない。その様な場合は、古写真や絵等の記録を用いてイメージを描くこととなる。以上のように、物的記録としての考古資料、建物配置図・地形図、そして建物図面あるいは古写真・絵等の記録を用いて総合的に捉えることができれば、当時の建物の実態を復元することができる。

［菅野 智則］

第2節

近世から近代への基礎構造の変化

1 時代と共に変化する基礎構造

前節で述べたように師団期の建物基礎には変遷が認められた。当初は、方形の土坑の中央に大型の礫を据え、その周囲を小型の礫で充填するものである。その後には、布掘りした中に礫を敷き詰め、その上にコンクリートの基礎が据えられるものになる。

コンクリートの原料であるセメントが、日本で製造され始めたのは明治六(1873)年以降とされている(文化庁文化財部記念物課編2015)。当初の官営工場のセメントは、明治一一(1878)年着手された野蒜築港や、参謀本部建物(明治一二(1879)年落成)、東京大学法・文学部建物(明治一七(1884)年落成)にも利用されている。明治一六(1883)年からは、民間の製造会社が創設され、生産は拡大していく。さらに、昭和六(1931)年の満州事変勃発とともに需要が高まり、今回の建物C(機関銃隊学生舎)の様な軍事施設については、おそらくは優先的に使用されたことであろう。

2 コンクリートを用いた基礎

コンクリートを使用した師団期と考えられる基礎は、別地点でも確認している。例えば、現在の川内北キャンパスのキッチンテラスクルールを新営する際の発掘調査(仙台城跡二の丸北方武家屋敷地区第13地点、以下BK13と称する)では、2・4区においてコンクリートを用いた基礎が東西に数条走っている様子が確認できた(藤澤ほか2013)[1]。前節と同様の手法で建物を確認すると、この建物は「汽罐室及包厨浴室」であることがわかる。また、2区の南側には大規模なレンガ造りの構造物が認められ、その床面・壁面には強く焼けている痕跡が明瞭に残ることから、浴室等に伴う燃焼施設と推定できる。この建物は、昭和五(1930)年地形図には記載されているが、明治三八(1905)年の地形図には記載されていない[前節11③・④]。前節でのⅢb期の建物であり、基礎構造も同じものと言える。

なお、米軍期のチャペルとされる建物の基礎も部分的に認められる[1左上]。この建物は後に教養部大講義室として利用されている。この建物の基礎は、円礫を一面敷いた上に厚いコンクリートを載せただけのものである。この基礎部の深さは浅い。この建物の写真は残されており、当時の様子が判明する[2]。

ほかに近代の師団期・米軍期の建物がわかる調査区として、仙台城跡二の丸北方武家屋敷地区第14地点(柴田ほか2020/以下BK14地点と称する)。この調査区では、近代の建物跡を5棟確認することができた[3]。他にも基礎と考えられる箇所も認められることから、他にも建物があったことは推定できる。

師団期の建物配置図[4-②]からすると、建物4は「医務室及休憩室」、建物5は「干城舎」である。後者は、「学生の精神を修養すると共に相互間の親睦を増進し兼て学術の研究の資することを目的」としたものであり、集会スペースのほか軍旗や「中心烈士の写真及其遺物等」、軍事関連図書等を置いていた建物であった

2

1

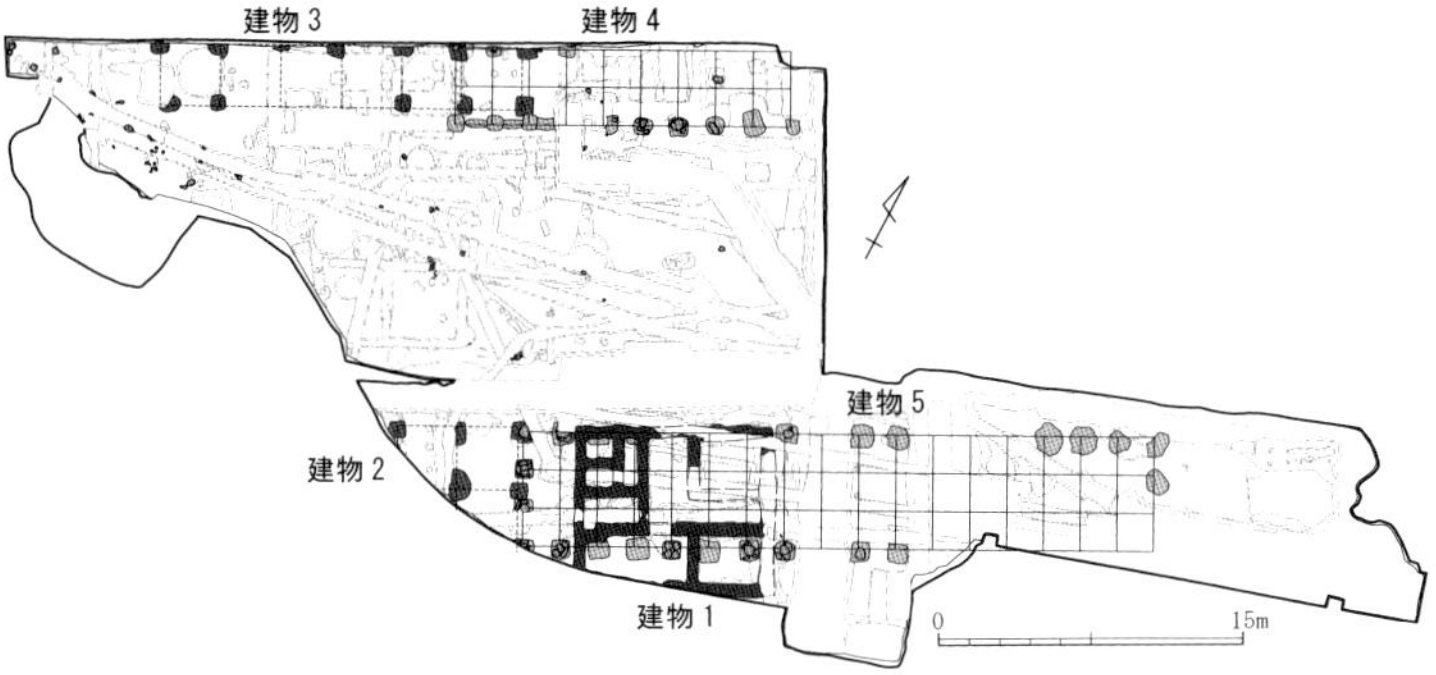

3

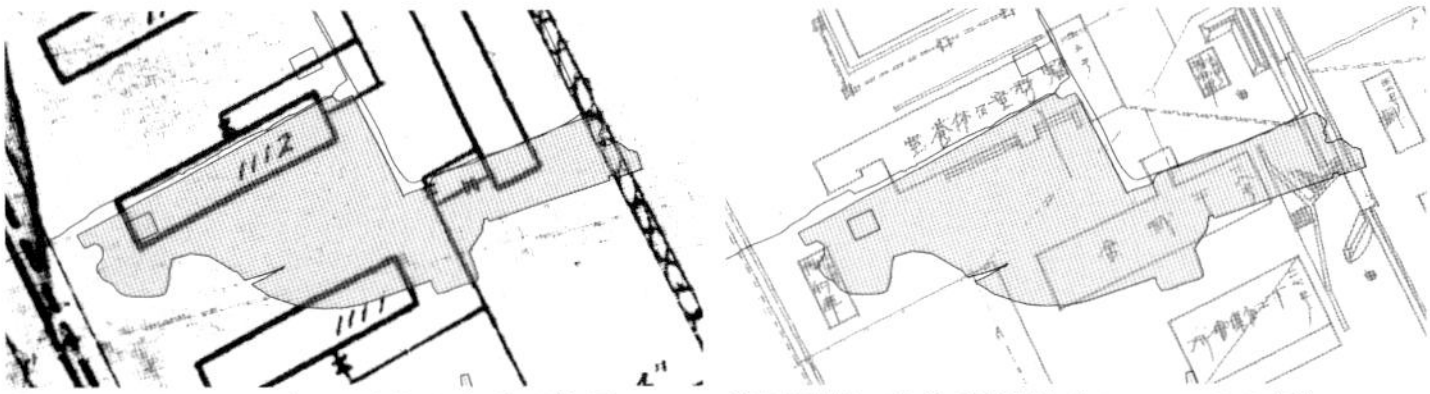

①キャンプ・センダイの建物を大学が使用していた際の建物配置図（1964年）

②師団期の建物配置図（1940〜1943年）

4

6

5

1_BK13地点2区の遺構配置｜**2**_大講義室として使用されたチャペル｜**3**_BK14地点で確認された近代の建物跡

4_BK14地点調査区と過去の建物配置図｜**5**_干城舎の内部

6_BK14地点における建物1の基礎（手前の方形の掘込は建物5の基礎）

ようである（［**5**］、仙台陸軍教導学校編 1934）。これらの建物は、方形の掘り込みの中に巨大な礫を配するものである。この２棟の建物は、明治三八（1905）年地形図においてもその存在を確認できるが、明治二六（1893）年仙台市測量全図では、「医務室及休憩室」に関しては、その形状が異なるため、建て替え等があったことがわかる。いずれにせよ、この２棟は仙台陸軍教導学校時代以前から存在していた建物であるため、基礎構造は古い時期（BK16のⅢａ期）のものであったとしても矛盾しない。

また、当初は建物２・３の時期を師団期のものと考えていたが、その後の検討・考察の結果、米軍期の可能性があることを指摘した（柴田ほか 2020）。この場合、建物３は図４－①の「1112」、建物２は「1111」の建物と考えられる［**4**-**①**］。これらの建物の基礎構造は、方形の掘り込みの中に石を充填した後に小形方形のコンクリートの基礎を据えるものである。確実に米軍期の建物と考えられる建物１は、布掘りの掘込に礫を敷き詰めコンクリートのベタ基礎を有する［**6**］。BK13地点のチャペル基礎と同じ構造となる。この基礎は、「1111」の東端部基礎とも考えられる。そう考えると、建物１と建物２の関係が不明瞭となる。これが時期差なのか構造上の差によるものか不明である。

3　近代以前の基礎構造

近代以前の川内キャンパスで確認できる江戸時代の建物には、礎石建物と掘立柱建物がある。掘立柱建物は、地面に穴を掘り、柱を建てる簡素な構造のもので、縄文時代の竪穴住居跡にも利用される基礎的な技術である。川内キャンパスの発掘調査で発見される近世の掘立柱建物の柱穴には、その底面に石を置く礎板石がよく認められる。これは柱の沈み込みを防ぐものである。礎石建物の礎石には、浅い掘り込みをした場所に礎石が置かれるだけのものと、深い掘り込みをした後に礫を入れ根固めとし、その上に礎石を乗せるものがある。これらの礎石は、再利用のために抜き取りされるか、あるいは当時の地表面に露出していることもあり、後の時代に撤去されていることから、発掘調査時にはすでに礎石が失われている場合が多い。

仙台城跡二の丸第18地点の発掘調査（菅野ほか2017／以下NM18地点と称する）では、両種類の礎石を確認している。このときの調査は、東日本大震災により破損した川内南地区の建物建て替えに伴うもので、二の丸期の遺構やそれ以前の土層等の遺存状況を確認することを目的としている。その様な目的のため、近世の遺構が確認された場合でも掘り下げずに、確認後に保存のための山砂を入れて埋め戻している。現在、この場には2階建ての大きな建物ができ、文科系総合講義棟として使用されている。

このNM18地点の6B区では、礎石が並ぶことが確認できた［7］。これは、柱間寸法6尺3寸を基本とする建物跡であり、報告書では6B区建物1と命名した。この6B区建物1の礎石の西側2列は、浅い掘り込みをした後に礎石が据えられるものである。小形であることから束石であろうか。東側の一列の柱穴は、礎石自体は失われていものの、根固石が残る。隣の6A区で確認できた類似する柱穴（建物1柱1）は、楕円形で最大1メートル程度の幅がある［8―①］。その柱穴の中に根固石を入れ、その中央に大きな礎石を置いたと考えられるものである。この柱穴の中央部は凹み、周囲の土とは異なる混ざりの多い土が認められることから、その凹み部を礎石の痕跡として認定した。この柱穴は、米軍期の共同溝によって破壊されているために、その土層断面が明瞭に確認できた。その断面観察により、柱穴によほどの重みがかかったためか、その下部の土層が下に沈み込んでいることが把握できた。こうした柱穴下部の土層の沈み込みは、他の場所でもしばしば認められ、礎石があったことと、その上屋構造には重量があったことがわかる。この柱穴の隣の柱穴（6A区建物1柱2）も同規模で、下部の土層も同様の状況を示し、礎石と考えられる石が写真手前の撹乱部の方に転落していた［8―②］。この礎石は径50センチメートル程の円礫で、厚みもあり、かなり大きな礫である。

　この際の発掘調査は近世以前の遺構・土層確認を目的としているため、これらの柱穴を含む各種遺構・整地層を完全に掘り上げていない。そのため詳細な時期や構造等は不明であるが、この二の丸の建物の上屋構造は、かなり重量を有する建物であることだけはわかる。

　なお、二の丸に当初建てられていた建物の一部は、若林城からの移築されたものである。若林城の発掘調査で確認された1号礎石建物跡は、二の丸の大台所に移築されたものと推定されている（佐藤ほか2008）。その主要な柱の礎石は、全て撤去されており残ってはいなかったが、その柱穴の規模は平均で径1.3メートル程度であった。前掲の6A区の柱穴より少し大きい程度であり、6A区建物1もやはり規模の大きな建物であったことが推察できる。

　こうした根固石と礎石を用いた近世の建

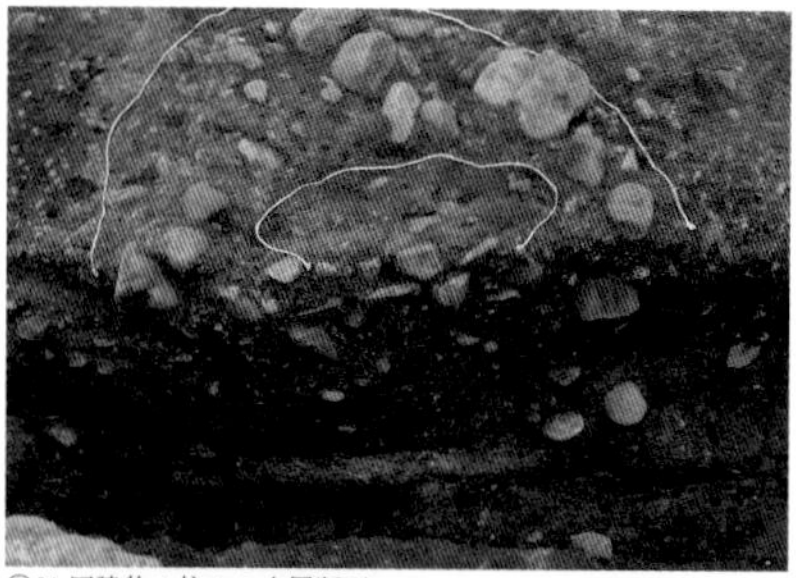

①6A区建物1柱1の土層断面

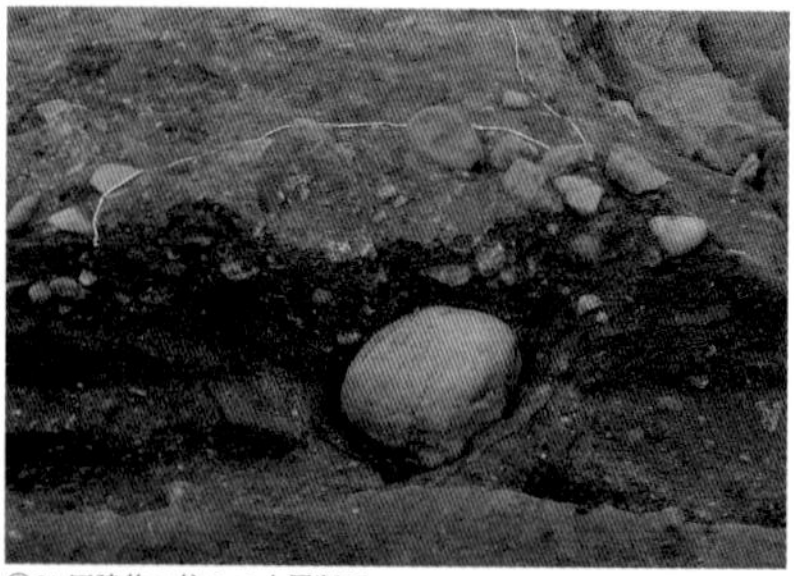

②6A区建物1柱2の土層断面

8

7

9

7_NM18地点における6B区建物1の基礎（下が北）｜**8**_NM18-6A区の建物基礎
9_BK11地点で確認された米軍期のシアターの床面

物が、どのようにして師団期の頃の方形の掘り込みの巨礫を用いた礎石建物に変化するのか。礎石建物という同じ特徴は有しつつも、その技術が転換したあり方に日本の近代化の特徴の一つがあるものと推定される。その研究については今後の課題としたい。

4 米軍期の基礎構造

前節でも触れてきたように米軍期の建物については、基本的にコンクリートを用いた基礎構造となっている。コンクリートを用いた構造物は、建物以外には共同溝がある。

この共同溝は、キャンプ・センダイ全体に張り巡らされている。その内部には建物に暖房を引き込むためのボイラー管が収納されている。共同溝の蓋もコンクリート製である。BK14地点で確認されている共同溝の床や壁の厚さは、約20～40センチメートル程あり一定はしていないが厚い。共同溝の深さもかなりあり、最大で2メートル程度であろうか。一方で、ボイラー管は3本程度しか入っていないため、空いている空間が広い。

発掘調査で発見される米軍期の共同溝は、蓋もしっかりと残り、中の空間も維持されていることがよくある。それだけ米軍期のコンクリート製構造物は堅固なものである。ちなみに、現在の川内地区の舗装道路の中には、陥没により何度も補修している場所がある。その地点の地下には、この米軍期の共同溝があり、蓋が破損等したため、共同溝内部に土が流れ出ているのではないかと想像している。実際は調査してみないとわからないが、陥没を繰り返す原因には、そうした地下構造の状況がある。

これまでの発掘調査で確認された最大の米軍期の建物は、川内北地区の川内サブアリーナ棟建設に伴う発掘調査で発見された映画館「カワウチ・シアター」である。東北大学教養部時代には「教養部講堂」として使用されていた。この建物の床面が残っていた。この床面は傾斜しており、高くなるにつれてコンクリートの厚さも厚くなり、30〜40センチメートル程となる[9]。また、この建物基礎の断面形は台形となり、底面は1.8メートル四方、高さ1.8メートルを超える大規模なものが並んでいた。

師団期から米軍期への基礎構造の顕著な変化は、コンクリートの多用にある。「キャンプ・センダイ」設置時には、重機を使用して地形を改変するような大規模な工事を行っている。以前に、川内南キャンパスの植物園前の道路の下を掘削した際には、1メートルを越える厚い盛土の中から大きな切り株が天地逆で複数個出てきた。このことからは、地表面の大木等も機械で伐採し、根株をそのままとして重機で一気に盛土した様相が窺える。こうした造成工事と同様に共同溝や建物設置についても、大量の物資を使って短時間で仕上げた状況が見える。

[菅野 智則]

第3節

軍都の痕跡

1 発掘調査で確認された仙台空襲

昭和二〇(1945)年7月10日の仙台空襲によって、仙台市内中心部はかなりの被害を受けた。軍事施設の多かった川内地区も同様である。川内地区の発掘調査で、地層を上から順番に掘り下げていくと、炭を主体とする黒色の土層を確認することができる。仙台城跡二の丸地区第18地点の2B区では、この層から昭和一三・一五(1928・1930)年の硬貨が確認されている(菅野ほか2017)。報告書では、その他の出土した遺物を含めたとしても、この層の形成時期はそれほど古くはならず、昭和一五(1930)年以降でもそう遠くはない時期だと推定した。また、この層は、上下の層とは明瞭な土質の差があり、水平に堆積していることなどから整地層と考えられる。

この層と類似した特徴を有する層は、仙台城二の丸北方武家屋敷地区第16地点の発掘調査でも認められた(菅野ほか2016)[1]。その層は師団期の建物のレンガ基礎を覆うように分布していることから、報告書では戦後に形成された整地層として捉えていた。層の特徴や時期からすると、これらの炭を主体とする整地層は、おそらくは仙台空襲後の後片付けに伴うものであろう。

2

空襲後の川内

前後の昭和二一(1946)年の空撮写真を確認すると、川内地区の主要な建物のほとんどが失われている[2−①]。ただし、川内地区の西側方向には建物が残っている。キャンプ・センダイとなった昭和二二(1947)年の空撮写真でも、それらの建物の中には確認できるものもある[2−②]。その中の一つ、師団期の火薬庫であった建物は、近年まで残っていた。その外観は、史料館所蔵写真に残されている[3]。現在、すでにこの建物は失われているが、建物を囲む周囲の土堤と入口部の石垣はそのままとなっている[4]。なお、この土堤は現在の植物園裏手にあり、「植物園の日」等のイベントでは見学できることもあるが、基本的には公開はされていない。

先に上げた昭和二一(1946)年の空撮写真は6月16日、翌年昭和二二(1947)年の空撮

1

1_BK16地点調査区東壁の土層断面：中央の黒い炭層が、師団期の基礎・溝の上に水平に堆積している。

写真は10月8日に撮影されている［2-②］。この2枚の空撮写真からは、米軍が1年4ヶ月程度の間に一気に土地を造成し、ライフラインを整え、建物を新営した様相が窺える。とくに師団期の頃には数多く認められた樹木はかなり伐採され、土地をかなり改変した様子が見受けられる。ちなみに、第2章で言及した、チャペルやシアターは、昭和二二(1947)年の空撮写真にも見えることから、キャンプ・センダイの早い時期より存在していた建物であったことがわかる。その5年後の昭和二七(1952)年の空撮写真では、建物がさらに増加するとともに、現在の萩ホールにあたる場所の前のあたりに、野球のグラウンドのような形状を確認することができる。時期を経るに連れ、川内地区では米軍にとってより住みやすい環境づくりが進められたようである。

昭和三二(1957)年にキャンプ・センダイ跡地

①1946年6月16日撮影

②1947年10月18日撮影

2

4

3

2＿川内地区の空撮写真1(上が北)

3＿師団期の火薬庫建物(1970-1980年代撮影)｜**4**＿師団期の火薬庫入口(2020年11月27日撮影)

に大学が入る際、移管されたこれらの建物は、講義等などの大学の施設として利用されることとなった。これらの詳細については、第4節にて触れられている。このキャンプ・センダイで利用されていた建物は順次取り壊され、現在の建物が建てられていく。史料館には、昭和五〇(1975)年頃に記念資料室によって撮影された「川内地区等旧校舎解体工事写真」一式が残されている。その中では、建物が解体され、資材がトラックで運び出されている様子が写されている。現在では、師団期はもちろん米軍期の建物は川内キャンパスには残っておらず、これまで紹介してきたように、地下に建物基礎が残されているだけとなっている。

しかし、現在でも米軍期の様子を窺える痕跡が川内キャンパスには残されている。例えば、現在の川内キャンパスの土地区画は、米軍期に造成された区画が元となっている[5]。川内南キャンパスのロータリー等の主要な道路は米軍期と変わりない。また、川内キャンパス周辺には、米軍機の消火栓が残されている[6]。この消火栓は、現在は5箇所確認できる(巻末地図2参照)。それらの消火栓に取り付けられたプレートからは、消火栓が昭和二七(1952)年にK.K.IWAMURASEISAKUSHO(株式会社岩村製作所か)により製造されたことが判明する。

ちなみに、この消火栓に関しては、周辺の工事等の際に消火栓へと通じる水道管の止水処理を行っているため基本的に水は通っていないはずではある。しかし、消火栓の下部を掘って接続している管を実際に確認したことはないので、確実に止まっているとは信用し難い。

3　地下に眠る痕跡

米軍期の建物配置図には、これらの消火栓や水道・ガス管等の配管が記入されている。その後の大学の配管を含め、膨大な数の配管が地下に埋蔵されている。現代であれば写真も含めた詳細な記録が残されているが、当時の記録類は不十分であり、現地形も変わっているため、地上からの場所の特定が難しい。発掘調査や工事による掘削では、現在の記録に残されていない謎の配管が時折出現する。その度ごとに本学の施設部に確認を取り、何の配管か、現在も利用されているのか確認しながら掘削を続けることになる。その中で不明なもの大体は、師団期や米軍期のものである。

師団期の配管関連で残されている主要なものは、土管と接続するレンガ枡である［7］。大

①1956年4月4日撮影

②2006年10月31日撮影

5

7

6

5_川内地区の空撮写真2（上が北）｜**6**_米軍期の消火栓（2017年3月28日撮影）：下方に「LIFE」の文字とプレートがある。

7_師団期の土管・レンガ枡（BK14地点）：左下に土管があり、その右には現代のヒューム管が入る。中央にはレンガ枡が2基ある。
左側の枡は、ヒューム管の工事の際に壊されている。右側の枡は土管でさらに右側にある別の枡と接続する。
上部左側には近代？の鉄管が見える。レンガ枡の上には、炭層が見える

体の土管・枡はすでに機能してはいないが、土管内部に土砂等がそれほど堆積していないものもある。そうした土管が発掘調査で出てきた場合、きちんと中に詰め物をする等の処置をしないと、周囲からの雨水等を取り込み発掘調査現場に排水されてしまう。このような状況を見ると、師団期の配管網は場所によっては川内キャンパス内の暗渠として機能している可能性もある。また、レンガ枡の場合、レンガ枡の上にコンクリート製の枠を取り付け、雨水排水桝としてしばらく使われていた様な痕跡も認められる。

師団期・米軍期の痕跡は、開発が進むにつれて姿を消していき、とくに地上の構造物で現代に残されているのは僅かである。その一方、地下には建物基礎やこのような配管、遺物等が埋蔵されている。今後の発掘調査を通じて、このような僅かな痕跡の記録を少しでも残していければと考えている。

［菅野 智則］

第4節

東北大学移転時の建物利用

1 東北大学への川内移管

一九五〇年代後半、駐屯していた米軍の本国引き揚げに伴うキャンプ・センダイ(通称、川内キャンプ)返還が問題となる中、東北大学はキャンパス移転地として利用に名乗りをあげていくことになる。

昭和三二(1957)年四月一六日の評議会において、「川内キャンプ返還について」が議題にあがり、当時学長であった高橋里美から、「本年中に川内キャンプの返還される旨の情報があったので、将来大学発展計画のため本学施設用地として譲り受けることを考えられたので、学部長会議に諮って過日上京し文部省その他関係省庁に折衝したところ大体賛意を得、文部省からは五月一〇日頃調査に来仙する予定である。この際大学の施設用地として譲り受けるか何らか態度を決定したいので、審議願いたい」という発言がなされた。上記にあるように、すでに学部長会議レベルでは議論がはじまっており、東北大学は川内移管の意思形成を進めていくことになる。

この時の評議会では移転に関する調査を開始する事以上の決議はおこなわれなかったが、その後、一〇月二二日の評議会で、再びこの川内キャンパス移転が付議された。川内地区利用については、東北大学は、宮城県、仙台市との三者会議で施設使用計画を協議していたが、一〇月一七日に行われた国有財産地方審議会を経て、東北大学には、川内地区の一部、土地53,090坪、建物56棟7,893坪、青葉山地区の一部土地142,420坪（立木を含む）が割り当てられる方向となっていた（宮城県は仙台第二高等学校の施設として土地6,300坪、建物4棟299坪、盲学校施設として土地3,000坪、建物10棟205坪、仙台市には土地42,686坪、青葉山三の丸跡土地16,702坪がそれぞれ割当）。この時点では、「二の丸跡その他の地域については使用希望者の意見を調整の上、施設の活用を計るため漸時保留」とされており、東北大学は先行して川内地区の北側から利用することが前提となっていたことが分かる。

2　教養部の川内移転

東北大学は、利用可能となった川内地区にまず教養部等の施設を移す方針を、前述の一〇月二二日の評議会で了承することになる。同年一一月一九日の評議会で配布された移転費用は2か年で、合計144,241円、人員の異動は学生4,526名、教官184名、その他職員119名の合計4,829名と試算されている。

東北大学は昭和二四（1949）年の国立学校設置法にもとづき、旧東北帝国大学に加えて、複数の官立学校を包摂し、当初は包摂した旧校舎に対応し教養部が4カ所に置かれていた。市内各地に施設が分散していることの不便さを解消すべく昭和三二（1957）年までの間に、一部は校舎の統合をみていたものの、なお旧第二高等学校校舎が置かれていた富沢分校と、旧宮城師範学校校舎が置かれていた北七番丁の教育教養部、通称北分校は分散したままであった。これらが順次、川内に集約されることになったのである。

具体的な移転はさっそく翌昭和三三（1958）年から開始され、四月には富沢分校の文科系（文・法・経）がまず移り、同年九月には理科系（理・医・工・農）が移ることになった。次いで、北分校も同年一〇月移転、昭和三四

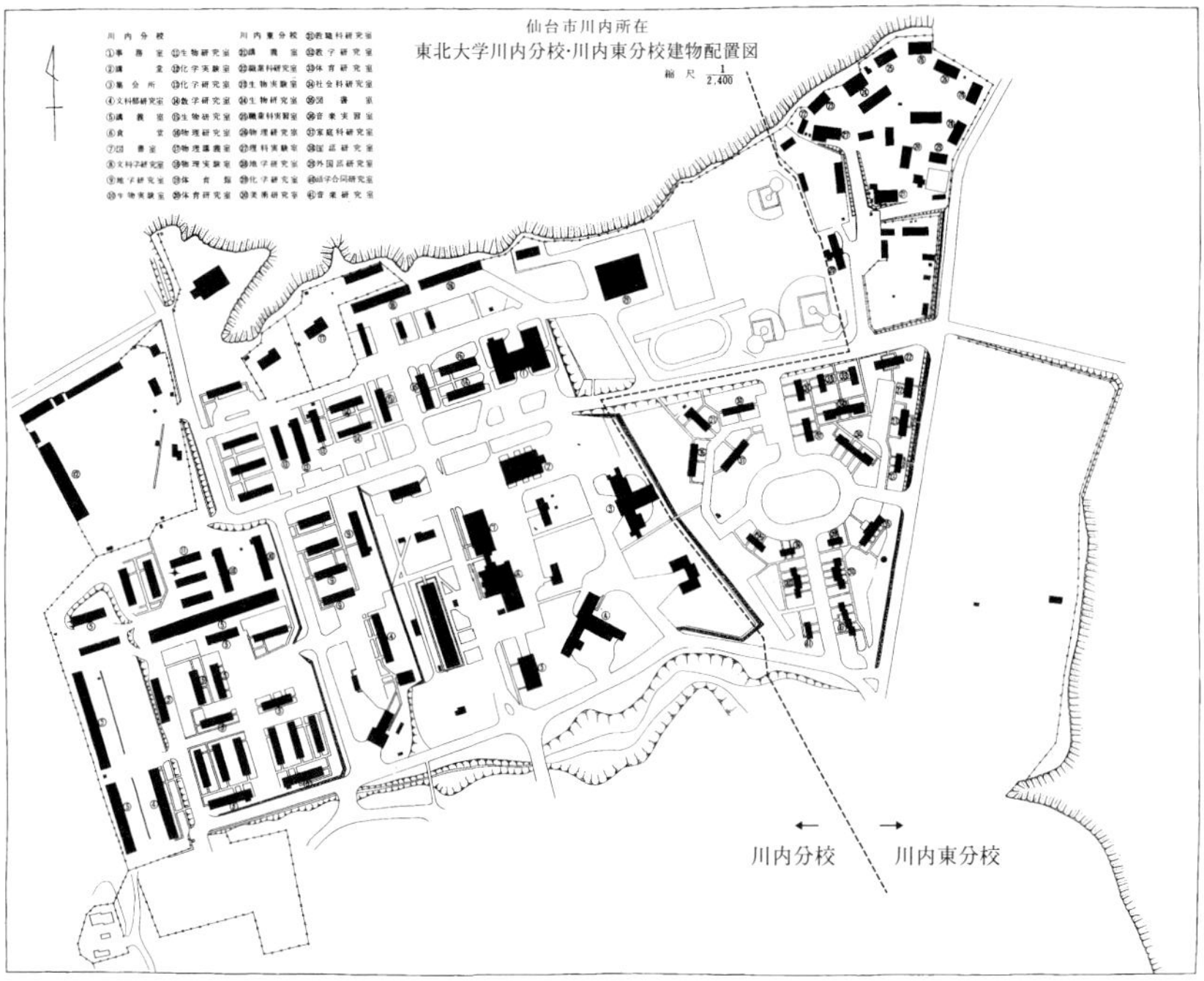

1

（1959）年には富沢分校にあった、附属図書館富沢分校分館が移転し、富沢分校は川内分校、北分校は川内東分校、図書館は附属図書館川内分校分館として、教養部の新しい地区統合がなされたのである。このときの川内キャンパスの配置は、現在の川内南キャンパスに相当する部分はまだ使用しておらず、一方で現在の公務員住宅、宮城県美術館敷地の私道北側と広瀬川に囲まれた区画も含まれており、そこには数学・物理・化学・生物の施設と事務部本館、運動場や体育館などが配置された。また行人坂（新扇坂）と澱橋通に面した運動場の区画が川内東分校として充てられた[1]。

また、この移転では米軍が川内キャンプで使用していた建物が引き続き利用されることとなり、川内キャンパス移

1_建物配置図（昭和33年、川内地区）『東北大学一覧』（昭和34年）

2

転直後に作成された『川内のしおり』では「白さぎが群れおりた白のよう」と形容され、学生等からは「カマボコ」と呼ばれたような、白い木造の建物群がキャンパスを象徴する景観を形成することとなった［2］。米軍キャンプ時には劇場、教会のチャペル、将校クラブとして使用されていた建物も、それぞれ講堂、大講義室、川内会館などに転用された。その後、一九六〇年代後半以降は、恒久棟建設が認められるようになることで、建物の新設が漸次進展し、こうしたキャンプ時からの建物は徐々に解体されていくことになる。一方で旧制二高の名物教授であった粟野健次郎に由来する粟野観音像は富沢分校からの移転時に合わせて持ち込まれ、川内会館南隣の疎林に設置されるなど、包摂校のアイデンティティもキャンパスの一部に残された。

3 川内・青葉山へのキャンパス移転

このように、川内地区への移転は、当時、富沢および北七番丁に置かれていた教養部を川内キャンパスに集約することが主たる計画であったが、昭和三三（1958）年二月一八日の評議会では、武藤完雄医学部長、抜山平一工学部教授から本部を川内に移転する構想について発言があり、今後研究することとされている。この本部移転構想そのものは実現することはなかったものの、川内キャンパスの取得が教養部の移転に留まるものではなく、大学全体の移転構想としても捉えられていたことを示すものといえる。

2_川内分校遠景／昭和35年（1960）頃（東北大学史料館所蔵）

3

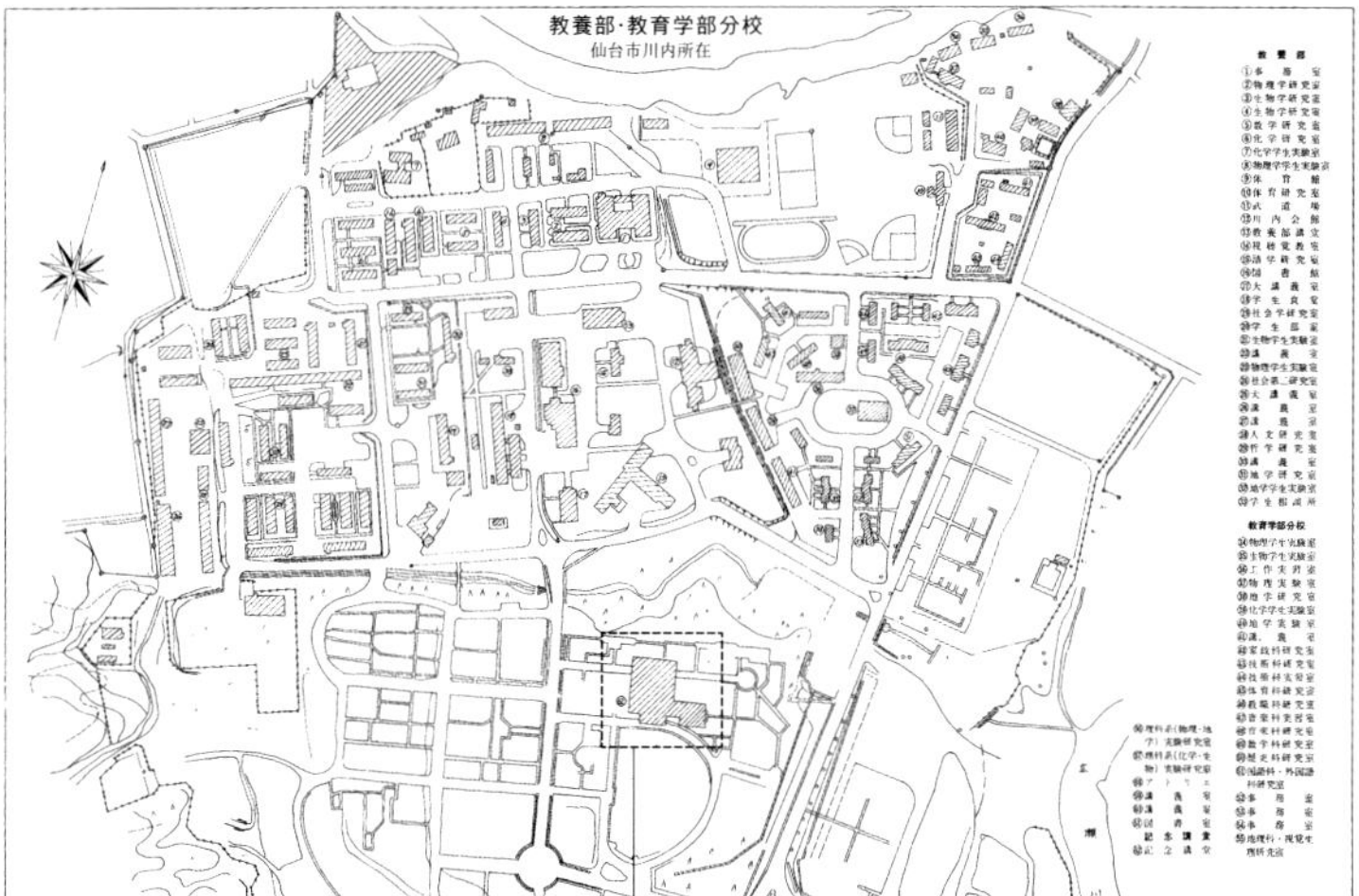

4

創立五十周年記念講堂および松下会館

3_建物配置図（昭和33年、川内地区）『東北大学一覧』（昭和34年）

4_建物配置図（昭和41年、川内地区）『東北大学要覧』（昭和41年）

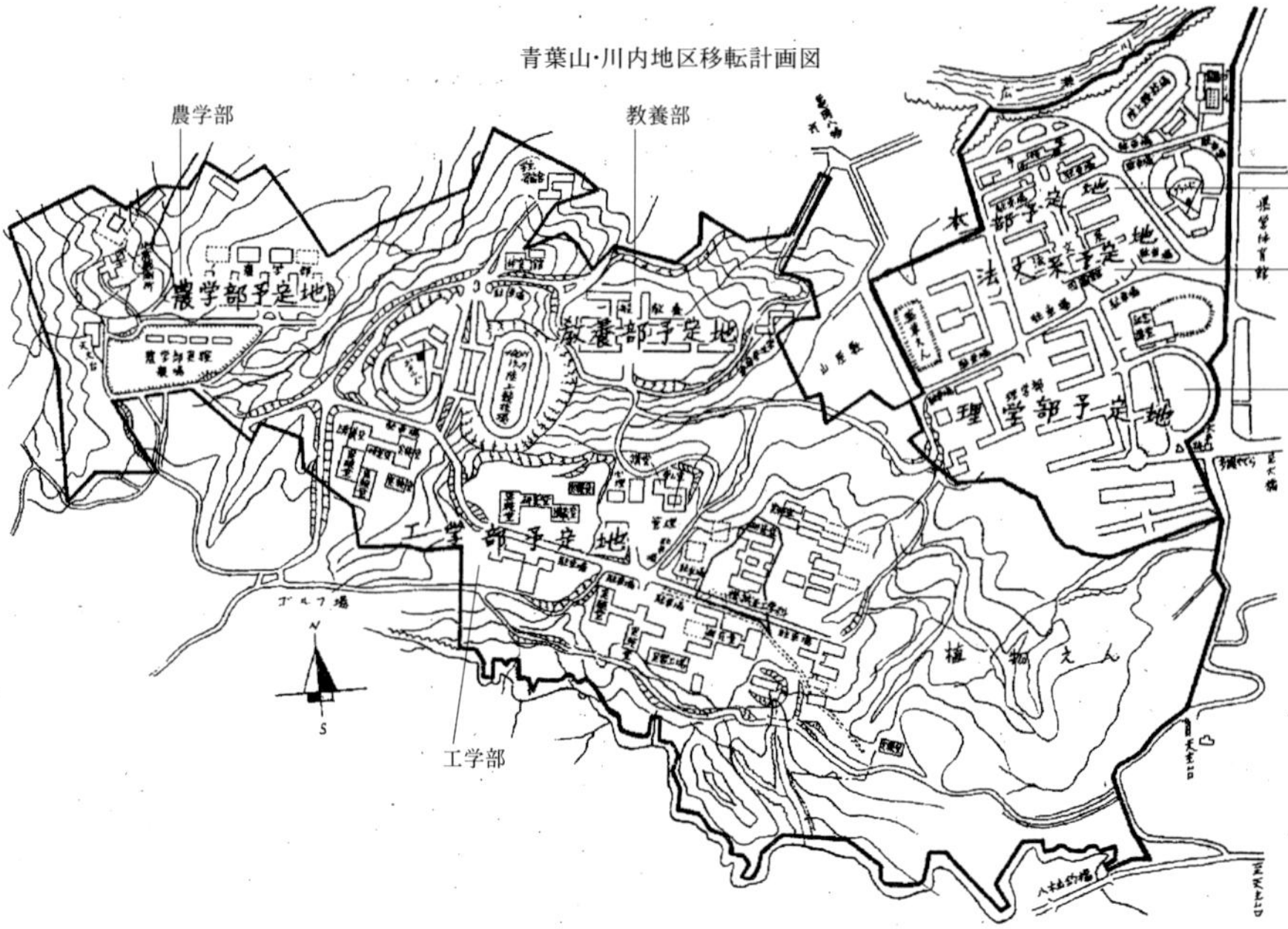

5

また、教養部移転以外にも川内キャンパスの南側から青葉山に至る区画の一部利用が企図された。その一つは理学部附属青葉山植物園である。アメリカ駐留軍引き揚げ時に東北大学に移管された区画には、当初より植物園用地も想定されており、昭和三三(1958)年四月に理学部附属青葉山植物園が設置された。植物園は、路や橋の造成は行われたものの、人工化を避けた自然植物園とすることが基本的な運営方針とされており、昭和四七(1972)年には総面積の八割に相当する地域が、天然記念物「青葉山」としての指定を受けることになる[**3**]。

もう一つは東北大学創立五〇周年記念事業としての記念大講堂建設である。東北大学は昭和三二(1957)年に創立五〇周年を迎え、記念事業として、『東北大学五十年史』の編纂などとともに、記念建造物も計画されていた。当初片平キャンパスに記

5_青葉山・川内地区移転計画図『東北大学学報』第六四七号(昭和39年)

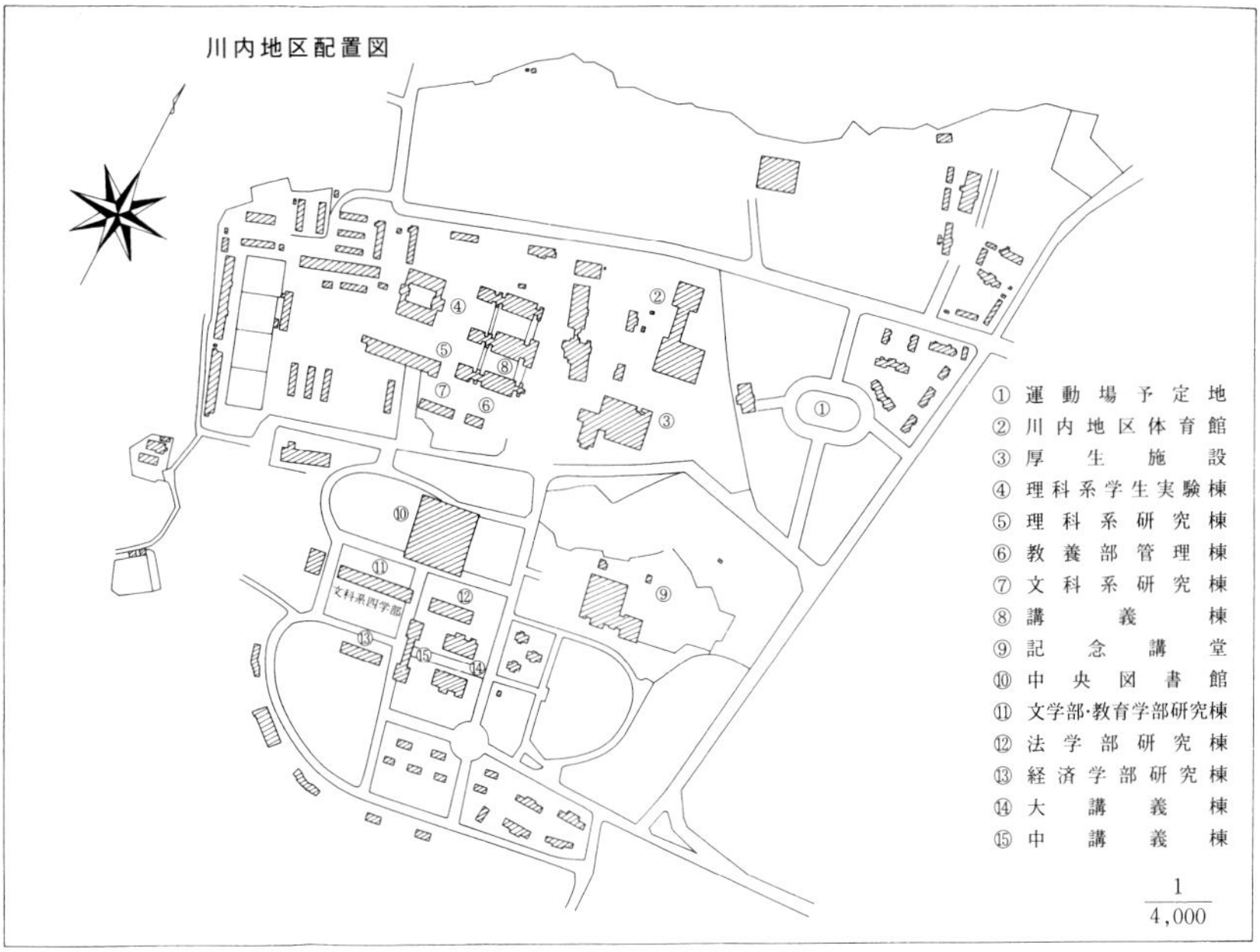

6

念会館を建設する案もあったが、最終的に2億5千万円以上の寄付金が集まる中で、記念大講堂を川内の二の丸地区に建設する方向になる。この二の丸地区の利用については、前述の通り、使用希望者の意見を調整の上、活用を図ることになっていたことから、教養部移転開始後も、宮城県、仙台市と東北大学側が協議を続け、城塁・大手門の周辺部分5,700坪を市民公園として仙台市が管理し、残り部分を東北大学が管理することを軸として、交渉が進められた。昭和三三(1958)年九月までに管理区域には境界のための柵等を設けず、整備に当たっては史蹟の保存に十分留意することなどからなる、仙台市と東北大学の覚書が作成され、二の丸地区の利用の目処が立つことになる。この結果、昭和三五(1960)年一〇月に記念大講堂は、創立五十周年記念講堂として落成(現・川内萩ホール)、また松下幸之助松下電器産

6_川内地区配置図『東北大学要覧』(昭和48年度)

業会長からの寄付を受けて会議室機能を有する松下会館も設けられることとなった[4]。その後、昭和三六(1961)年一月黒川利雄学長のもと評議会において、施設設定審議会が設置されると、工学部を中心とした理工系拡充への対応を中心として片平、川内の施設整備に加えて、青葉山移転構想も含めた議論が展開されるようになる。また昭和三八(1963)年九月には石津照璽学長のもとで、移転整備の計画立案、実施を担う青葉山・川内地区移転整備推進本部が設置された。

昭和三九(1964)年五月段階で『東北大学学報』に示された、青葉山・川内地区移転計画図によれば、川内キャンパスの北側は大学本部、文系学部、南側には理学部が入り、青葉山キャンパスには現在とほぼ同じ位置に工学部、現在、理学部・薬学部が置かれている位置に教養部、現在宮城教育大学が置かれている位置に農学部が配置される計画が組まれていたことが分かる[5]。このうち同年六月に工学部は青葉山への移転を決定していたほか、当時宮城教育大学の新設地と、農学部の雨宮地区から久保田山地区への移転などが焦眉の課題として持ち上がっていたことから、青葉山へのキャンパス移転問題が、川内キャンパスへの移転問題よりも先行して検討が進められていくことになった。

とりわけ農学部移転問題は紛糾し、石津学長の辞任問題に発展する中で、最終的には農学部は雨宮地区から移転せず、久保田山地区は宮城教育大学が使用することになる。また移転したばかりの教養部はまた再度青葉山へ移転することについて難色を示していたことなどから、昭和四一(1966)年五月二四日の評議会で決定された東北大学総合整備年次計画表には、川内キャンパスには、文系四学部(文・法・経・教)、教養部、附属図書館が置かれることが明記された。青葉山には、工学部に加えて、川内キャンパスに入る予定になっていた理学部が薬学部(当時は医学部薬学科)とともに移ること、また片平キャンパスには附置研究所が集約されることも合わせて示された。

実際の、文系四学部の川内キャンパス二の丸地区への移転は、一九七〇年代に入ってからとなり、昭和四八(1973)年に文学部・教育学部合同棟、法学部研究棟、経済学部棟などが竣工されたことで、同年順次移転が行われた。またほぼ同時期に附属図書館も川内キャンパスに新設されることとなり、昭和四七(1972)年一〇月に竣工した。この附属図書館新設に伴い、教養部分館は同年四月には制度上廃止され、一二月からは新館が部分開館となった。昭和四七(1972)年時点では文系四学部の本格的なキャンパス移転がなされなかったため、図書館機能は片平にも一部残されていたが、昭和四八(1973)年の文系四学部の移転を受けて同年一一月に全面開館となり、これをもって川内キャンパスへの移転がおおよそ完成することとなった[6]。

[加藤 諭]

リTOURでも、その全てが公開されている。なお、当室で保存する出土遺物は、30.3リットルのコンテナで3,139箱もの膨大な量となっており、現在その保管場所に苦慮している（図）。

3 活用の実践と視点

平成六（1994）年に文化庁に設置された「埋蔵文化財発掘調査体制等の整備充実に関する調査研究委員会」による報告「埋蔵文化財の保存と活用（報告）」（平成一九（2007）年2月1日）では、文化財保護法の趣旨を元とし「文化財を確実に保存し、将来に伝えることだけでは十分ではなく、国民がその多様な価値を認知し、幅広く享受することができるよう積極的に公開・活用する必要がある」（p.3）とされ、その具体的施策として、「出土文化財・発掘調査記録の確実な保存と活用」、「国民・地域住民のニーズに応じた公開・活用事業の実施」（p.11）等を挙げている。

当室では、このような国の活動方針を受け、本学の埋蔵文化財に関する認知度を高めるための広報活動等も、埋蔵文化財活用の一環として積極的に推進してきた。その活動の中の一つとして、学生・教職員を含めた一般社会に対して、当室の活動・収蔵資料の紹介を通じ、本学の埋蔵文化財の理解を深める活動などを実践してきた。

当室では、これまでに解説パンフレットの作成や展示事業を行い、遺跡発掘調査報告書を参照しなくてもその概要がわかるような活動を行っている。また、こうした事業の一環として、本学のキャンパスデザイン室、史料館と共に歴史遺産マップを作成した（http://web.tohoku.ac.jp/maibun/15historymap.htm）。その中では、現在までの歴史的な経過を示す様々なモノを、本学が有する「歴史遺産」と捉えて登録した。まだまだ未完成ではあるが、継続して当室のデータを登録し、公開していく予定である（菅野2021）。

埋蔵文化財は、それが包蔵される「その場」と強く結びつく文化財である。それと同様の視点で捉えるならば、明治四〇（1907）年来の本学によるものや、その前身となる仙台医学専門学校や旧制第二高等学校、仙台工業高等学校に関する資料を含むだけではなく、さらに過去の米軍期や師団期、その前には江戸時代の武家屋敷等の「その場」の一切の歴史的痕跡を含むものが、現在「その場」に位置する本学の歴史遺産と言える。

一般的に埋蔵文化財を含む歴史資料は、現存する資料から過去の歴史を詳細に知ることにより、現代の我々の立ち位置を理解し、より良き未来への可能性を検討するために必要不可欠なものである。そして、「その場」と結びつくような埋蔵文化財含む本学の歴史遺産は、現在その場の近辺に居住あるいは活動する人々にとって一つの貴重な道標と成りうるだろう。

参考文献

菅野智則　2021「全国遺跡報告総覧の課題と展開」『デジタル技術による文化財情報の記録と利活用3』奈良文化財研究所研究報告27 奈良文化財研究所 pp.139-144
藤本 強　2000『考古学の方法』東京大学出版会

東北大学構内に埋もれる文化財と活用 | 菅野 智則

COLUMN 3

1 埋蔵文化財とは何か

筆者が所属する埋蔵文化財調査室(以下、「当室」とする)は、東北大学構内の埋蔵文化財を取り扱う機関である。埋蔵文化財は、文化財保護法第92条に「土地に埋蔵されている文化財」と規定されている。その内容は、竪穴住居跡等(不動産)の遺構や、土器や石器等(動産)の遺物があるほか、それらを埋蔵する土地は同法第93条によって「周知の埋蔵文化財包蔵地」と定義されており、それは一般的には「遺跡」と呼ばれる。

現在の宮城県内の遺跡数は6,252件あり、それらのリストや分布地図については、宮城県教育委員会のホームページにて公開されている。東北大学校地内のうち仙台市内にある遺跡は、川内地区の仙台城跡(二の丸地区·武家屋敷地区)がとくに著名ではあるが、その他に縄文時代·近世の川内B遺跡や中世の川内板碑群などがある。青葉山地区には、旧石器·縄文時代の青葉山遺跡群があり、富沢地区には縄文時代·古代の粘土採掘坑が確認できる芦ノ口遺跡がある。

当室では、これらの遺跡地における開発に際して、各種法令に基づき掘削を伴う開発の調整や発掘調査、出土物·記録の整理·保存作業のほか、埋蔵文化財の活用を主な業務としている。

2 発掘調査と報告書

現在の地表面の下にはかつての旧表土層が埋もれており、その下にはより古い地層が残っている。場所によっては、先史時代から現代までの地層が良好に遺存している場合もある。川内地区における開発に伴う発掘調査では、通常は江戸時代の地層を全て掘り上げると、我々が地山(じやま)と呼ぶ遺物を含まない自然堆積の黄色粘土層や広瀬川により形成された河成段丘の礫層が全面に広がって終了となる。つまり、過去の人為的な土層を全て掘り上げて調査は終了となる。

このような発掘調査は、我々調査者が採取した遺物や記録以外は何も残らないため、「発掘調査は一度しかない実験の場」(p.3:藤本2000)とされている。そのため、調査にあたっては細心の注意を持って実施することが必要であり、遺跡の保存を考えるならば発掘調査せずに残しておくことが最も良い。開発に伴う調整では、文化財保護法の趣旨に基づき、遺されている昔の面に掘削が及ばないように、掘削深度や位置等の工事内容の変更を求めるとともに、最終手段としてやむを得ない場合限りにおいて発掘調査を実施している。

発掘調査によって採集された遺物や遺構の記録類の資料は、そこに遺跡があったことを示す唯一無二の貴重なものである。そして、これらの資料を整理して報告書として刊行することにより、発掘調査は終了となる。この発掘調査報告書は、国民共有の財産である埋蔵文化財の記録を詳細にまとめたものであり、その公共性は高く、広く共有されるべきものである。この報告書は、活用と保存のため冊子体として刊行され、国立国会図書館を始めとした地元大学図書館、県立図書館等の関連諸機関に配布しなければならない。そして、さらなる活用のため、奈良文化財研究所が運営する「全国遺跡報告総覧」では電子版が公開されている。当室の報告書も、全国遺跡報告総覧や本学の機関リポジト

図:埋蔵文化財調査室の遺物収蔵状況

3 展示の学習効果

もちろん、実際の空間設計に携わる経験ができた、ということは教育・学習効果として大きいが、他にも様々な効果があったように思われる。まず、多様な分野の資料を展示するため、コンセプトを作る上で、対象や素材、あるいは単一分野の概念に安住できず、思考を促す訓練になった。このときコンセプトを深めるための取り掛かりとして、その形や質感が持つ力は大きかった。つまり、学生が資料に対して「面白さ」や「魅力」を感じることが、展示を推進していく力となった。このことは、大学が、資料を所蔵していることの教育的なアドバンテージのひとつといえる。展示された数がもっとも多かったのは、建築模型と人体模型である。どちらも、用途、縮尺、歴史といった面で多様であり、模型という存在の多様性について考えるうえで、大きな役割を果たしたと考える。

また、展示のみならず、展示の過程で様々な分野の資料に触れ、その製作や使用に関わる背景について調べる経験は、学生にとって重要な学習の機会になったと思われる。そうした資料を手がかりに、過去の人々の考えや価値観に触れることは、学生の思考の枠を広げることに寄与する。そのため、学生が触れることのできる過去の思考や価値観は、保存している資料に依存する。したがって、多様な資料を保存しておくことは、教育において、学生の思考の多様性につながりうる。

学生の自主性に任せるということは、計画していなかったできごとに対応し続ける必要があるということでもある。例えば、展示する学内資料の選定の際に、アイヌ民族博物館の方と、意図せず同じ建物内で作業する機会があった。倫理的な問題も含め、様々な理由から、学生が希望した資料すべてを展示することはできなかった。しかしそうした事例も、実務や大学の歴史、資料の来歴について、座学を超えて考える経験になったと思われる。

「学術資源を用いたキュレーション方法の刷新と展開」の後継プロジェクトである「分野横断的デジタルアーカイブによる創造のためのミュージアム」では、「宛先のない作用 #0：ダイガクにねむるモノにまつわるゲイジュツ」展を実施した。この展示では、地域の芸術学校である〈仙台藝術舎/creek〉受講生に、東北大学が所蔵する学術資料を見学してもらい、そこにインスピレーションを受けるかたちで作品を制作・展示してもらった。非専門家を、受動的に情報を享受する存在として位置づけるのではなく、能動的に創造に取り組む存在として捉え、多様な活用の方向性を模索することは、資料や大学・博物館の可能性を広げることにつながるだろう（梅棹 1974）。

謝辞

本稿で紹介した展示は、土岐文乃氏、五十嵐太郎氏、五十嵐太郎研究室の学生諸氏とおこなった。実施にあたり、阿子島香氏、遠藤秀平氏、川嶋祥之氏、才田淳治氏、中田千彦氏、野口直人氏、藤澤敦氏、東京大学近藤修研究室、東北大学野村俊一研究室、東北大学飛ヶ谷潤一郎研究室、東北大学自然史標本館、東北大学医学系研究科器官解剖学分野、東北大学文学研究科考古学研究室、東北大学模型製作研究会に協力頂いた。また、学際科学フロンティア研究所領域創成研究プログラム「学術資源を用いたキュレーション方法の刷新と展開」の支援を受けた。記して感謝申し上げる。

文献

湯浅万紀子（編）2018『博物館情報学シリーズ5 ミュージアム・コミュニケーションと教育活動』樹村房

梅棹忠夫 1974「国立民族学博物館の構想──主としてその学術的意義について──」文部省大臣官房（編）『文部時報』第1161号 58-63

「模型世界」展──大学所蔵学術資料活用の一事例｜田村 光平

COLUMN 4

1｜「展示をおこなう」ことによる教育・学習

学術資料は、研究の対象となるだけでなく、「活用」とよばれる手続きによって、社会へとその価値が還元される。そのための手段のひとつが展示である。展示は、展示を「おこなう側」から「観る側」への一方向的な情報伝達が想定されることが多いが、展示を「おこなう側」が受ける教育・学習効果についても議論されてきている（たとえば湯浅2018）。その内容については様々あるが、例えば、展示の実施のために対象に主体的に関わることで、展示が完成するまでの過程の学習効果の向上が挙げられる。

私が関わった学際科学フロンティア研究所・領域創成研究プログラム「学術資源を用いたキュレーション方法の刷新と展開」（代表：有松唯）では、分野横断的な展示手法の開発を目的とした。挑戦的な課題ではあるが、大学が総合的であることの意味が問い直されている現在、大学が抱える多様性と向き合うことは、大学や学術資料の可能性を引き出すことにつながると考えた。このプロジェクトでは、「先史のかたち──連鎖する土器群めぐり」展、「学の生態系」展、「模型世界──探求するかたちの蒐集──」展という、3つの展示をおこなった。本稿ではそのうち、平成二九（2017）年10月におこなった「模型世界」展について概説する。

2｜「模型世界」展の概要

展示の実行は、主に東北大学工学研究科五十嵐太郎研究室の大学院生によって担われた。私と彼ら・彼女らの関係は、プロジェクトの共同実施者である。私が「教育」したというよりも、彼ら・彼女らが自ら「学習」する手助けをしたというほうが、言葉として正確である。この展示では、学内外の様々な学術分野の模型を、分野横断的に展示した。展示に先立ち、「東北大学資料探偵団」を結成し、平成二九（2017）年2月から学内外の資料の調査・見学をおこなった。そうして様々な分野の資料を見学する過程で、展示のテーマ・コンセプトを決定していった。テーマを「模型」に決定したのは、平成二九（2017）年の4月であった。また、9月まで、研究室や博物館の訪問は続け、様々な分野の模型の用途や歴史について調査を続けた。加えて、考古学分野の学生を招いての研究会などを実施し、各分野の模型のあり方について議論をおこなった。

展示のための什器は学生により設計・制作された。この什器は、フレーム的な構造を基本としており、「屏風」と名付けられた。実際の屏風のように「畳む」ことも可能であり、本稿では詳しく触れないが、展示スペースの少なさという日本の大学が抱える空間的な制約の解決方法としての側面も持つ。最終的には、「表現の範囲」と「縮尺」という視点から、多様な模型を空間中に配列した。コンセプトが「近い」模型が、空間中でも近くに配置されている。

展示された模型は、計70点。建築模型、人体模型から、ガンダムのプラモデルまで多岐にわたる（図1）。本書のテーマのひとつである建築に関連する模型として、スカイハウス、塔の家、ラウレンツィアーナ図書館、エッフェル塔、東北大学所蔵建築模型、さらには、中田千彦氏制作の存在しない「モンスター建築」がある。

図1：模型世界展会場。（撮影：櫻胃園子）

第3章

近代・建築・教育の歴史資料

第1節

赤煉瓦書庫に残る法文学部の研究と教育の記憶

1 赤煉瓦書庫

東北大学片平キャンパスの中央、学都記念公園の片隅にひっそりと佇む赤煉瓦造りの建物がある[1]。通称「赤煉瓦書庫」と呼ばれるこの建物は、旧制第二高等学校の書庫として大正元年(1912)年に建設され、大正一四(1925)年の同校の移転によって東北帝国大学に移管された。そして、同年に設置された法文学部奥羽史料調査部の中核的施設として長く利用されることになる。調査部はこの3階に置かれ、学部の垣根を越えた研究交流があり、さらに在野の研究者が出入りする学びの場であったという。現在は文化財収蔵庫となり、重要文化財2件(477点)をはじめ、貴重な考古資料と民俗資料、奥羽史料調査部の活動を記録した乾板写真など[2・3]、約20万点もの資料を収蔵している。ここでは、主にこの赤煉瓦書庫に残された乾板写

1

1_文化財収蔵庫:通称「赤煉瓦書庫」。のちに長く「考古学陳列館」と言われていた。
現在も教職員は、「赤煉瓦」とか「陳列館」の名称で呼んでいる。

真や古写真から、東北大学の研究と教育の歴史を読み解いていく。

なお、この赤煉瓦書庫は、登録有形文化財に指定されている。この3階建ての重厚な建物を詳細に見ると、四面のデザインがそれぞれ異なっていることが分かる。また、上階に行くに従って少しずつ床面積が狭くなり、階ごとに窓枠の装飾が異なるなど、非常に凝った設計となっている。

2 地域研究に根差した学風と伝統

大正一四(1925)年、法文学部国史研究室内に奥羽史料調査部が設置された。喜田貞吉が東北帝国大学の独自性を東北地方の歴史研究によって発揮すべきと考えて、中村善太郎(西洋史)、古田良一(日本近世史)とともに設立したものである。彼らは大正一四(1925)年から昭和五(1930)年まで斎藤報恩会の助成を受け、東北地方に北海道と新潟を加えた東北日本の歴史・民俗資料を積極的に収集した。そして、昭和四(1929)年に寄託された久原コレクションをはじめ、多くの考古学・古代史資料が確保された。そして、1930年代には、朴沢文書や鬼柳文書・秋田家史料などが収集され、中世・近世史料の充実が図られた。同年代には、河口慧海と多田等観が収集したチベット資料が宇井伯寿ら東北帝大のメンバーによって整理され、東北大学の貴重な学術的財産となった。奥羽史料調査部は、昭和三〇(1955)年に文学部東北文化研究室として発展解消されたが、地域

2

3

2_片平キャンパス内の一室で撮影された写真。中央に和装の喜田貞吉、その左が古田良一、右が中村善太郎。(乾板写真0137)
3_北海道アイヌと共に(乾板写真0182)1934年7-8月

研究に根差した伝統と学風は現在に受け継がれている。

3 喜田貞吉その人

喜田貞吉は、法隆寺再建論争やミネルヴァ論争といった学史的論争の当事者として著名である。明治四四(1911)年の南北朝正閏問題で文部省を休職処分となり、京都帝大の教授に就任した後、大正一三(1924)年に東北帝国大学法文学部に講師として赴任した。東北帝大では、講義のみで講座運営には関与しないこと、教授会に出席しないことなど、異例の条件を付けての赴任であった。喜田による資料収集活動は、大正一四(1925)年の青森県宇鉄遺跡の資料入手を皮切りに、一気に進展する。喜田自らが各地を訪問して在野の収集家や郷土史家と交流し、また講演会などを開催しながら、還暦までに700回以上の巡遊を果たしたとされる(喜田1933)。そんな喜田も昭和五(1930)年以降、体調を崩すことが多くなるが、昭和八(1933)年11月に岩手県下川原の宋銭の入った縄文土器が持ち込まれた際には自ら現地を訪れている。これがミネルヴァ論争の発端となった。その同月、喜田は青森県を訪問し、久栗坂(山野峠)遺跡を発掘した。その時の写真に残る喜田の姿は、いつもの和装である[4]。彼は常に小さな信玄袋を携帯し、その中には手帳と煙草、パイプ、灰皿が入っていたという。その調査の後、喜田は土器棺1点[5]と埋葬人骨1体を本学に持ち帰った(喜田1934)。赤煉書庫には、この土器棺が割れた状態で残されていたが[6]、我々は近年修復を試みた。それによって見事な土器棺の姿がよみがえった[7]。喜田は昭和一四(1939)年に亡くなったが、昭和九(1934)年には伊東信雄の樺太調査に一部同行するなど、活発な巡遊による調査研究を最後まで貫いた。

このように喜田は各地に奔走し膨大な資料を収集したが、京大時代から補助してくれた山本桝蔵が本学でも助手として一緒だったことは、喜田の活躍に大きく貢献している。例えば、山本が島根県安来市出身だったことから、同市の植田横穴（鷺の湯病院跡横穴墓）の家形石棺内の副葬品が本学にもたらされている。病院敷地の拡幅工事の際に横穴墓が発見され、家形石棺から人骨2体、土器10点、国内に例のない単竜環頭大刀や、冠などの朝鮮半島系の逸品を含む豊富な金銅製品が出土した。この資料は当初、病院長の中原清が保管していたとされるが（山本1958）、本学へ寄贈された経緯は長く不明であった。我々が赤煉瓦書庫に保管されていたガラス乾板写真をデジタル化したところ、その由来に関わる写真が含

5

4

7

6

4_土器棺を観察する喜田貞吉｜**5**_青森市久栗坂遺跡の土器棺
6_土器棺の修復前｜**7**_土器棺の修復後

まれる可能性が浮かび上がった。このように赤煉瓦書庫の片隅には、当時の研究の記憶が静かに眠っている。

4 史料調査部による蒐集活動

赤煉瓦書庫には2件の重要文化財が展示・保管されている。その1件が経の塚古墳の埴輪である。経の塚古墳は、明治四一(1908)〜四四(1911)年に遠藤源七と常盤雄五郎によって発掘され、甲形埴輪や家形埴輪が得られた(遠藤 1911)。大正一二(1923)年には名取市下増田に伝染病舎を建設するために掘削され、長持形石棺が発見された。その中には、人骨2体、鹿角製刀装具と大刀2点、刀子2点、櫛などが副葬されていた。出土品のうち、甲形埴輪や家形埴輪など4点は昭和三四(1959)年に重要文化財に指定され、昭和三七(1962)年に遠藤源七から東北大学へ寄贈された。その後、経の塚古墳は完全に削平されたが、赤煉瓦書庫の古写真の中にその姿を残している[**8**]。また、長持形石棺は東北帝大の赤煉瓦

8

9

8_当時の経の塚古墳

9_赤煉瓦書庫脇に移設された石棺(左:工藤雅樹、右:加藤孝)
別の写真には洋装の伊東信雄の姿があり、伊東の指示に従い両名が移設を行ったことが分かる。

書庫の隣に移設され、現在も丸森町台町古墳の石棺と並んで佇んでいる。赤煉瓦書庫にあったもう1枚の写真には、石棺の移設に携わった先学の姿が写る［9］。経の塚古墳は既に消滅しており、現地に行ってもその面影はない。今は、赤煉瓦書庫に保管される出土品と、建物脇に移設された石棺が、当時の様子を今に伝えている。

赤煉瓦書庫内にあるもう一つの重要文化財は、石巻市沼津貝塚出土品である。沼津貝塚は明治四二(1909)～昭和七(1932)年まで毛利総七郎・遠藤源七によって継続的に発掘調査が行われた(毛利・遠藤1953)。一連の調査によって得られた膨大な資料が両氏によって長く愛蔵され、毛利邸内に建設された石巻考古館で一般公開されていたこともあり、国内で最も有名な縄文貝塚の一つに数えられるに至った。学術資料に対する両氏の深慮から本学に一括で割愛され、昭和三六(1961)年に科学研究費(機関研究)の交付を受けて購入された。したがって、赤煉瓦収蔵庫には、膨大な同貝塚出土資料が一括保管されており、縄文研究の黎明期に基礎資料として活用されてきた。昭和三八(1963)年には骨角器を中心に473点が重要文化財に指定された(伊東1962-64)。沼津貝塚は、昭和三八(1963)年に東北大学文学部考古学研究室が(伊東1968)、昭和四二(1967)年に宮城県教育委員会が発掘調査を行った(藤沼1972、石巻市教育委員会1976)。昭和四七(1972)年には遺跡自体が史跡指定される。この沼津貝塚の研究と、文化財としての資料保存が成し得たのは、毛利・遠藤両氏の長きにわたる尽力と、学術資料を散逸させないことに努めた深慮によるところが大きい。そして、その役割の一端を赤煉瓦書庫が長く果たしてきたことになる。

5　医・理・文学部での発掘調査と収蔵

大正年間から昭和にかけて、東北帝大の理学部(松本彦七郎)や医学部(長谷部言人・山内清男)によって縄文貝塚などの発掘調査が行われ、目覚ましい成果があげられた。東松島市の里浜貝塚や大船渡市の大洞貝塚など、著名な重要遺跡であり、層位学的発掘が実践され、日本人の起源や土器編年の研究に大きく貢献した。これらの発掘資料は、現在の東北大学本部棟に昭和四八(1973)年から平成一五(2003)年まで収蔵されていた。この棟は「旧東北帝国大学理学部化学教室棟」の名称で登録有形文化財に指定されている。さて、筆者が学生だった頃、この建物には、医学・理学・文学など各学部の地学・人類学・考古学資料が収蔵されており、展示ケースのない博物館のような様相であった。筆者が卒論・修論の作成で使用していた部屋は、この建物1階南端の角部屋であり、「長谷部部屋」と呼ばれていた。すなわち、この部屋には長谷部言人が調査した遺跡の資料が保管されており、たくさんの人骨や土器が木箱に無造作に入れられていた。この部屋はうす暗く、私は当初、夜まで居るのが怖かったが、徐々にこの環境が当たり前のようになり、人骨の隣で学び、寝食も行えるようになっていった。リフォームされて綺麗になった現在の本部棟には、その面影が微かに残っている。

〔鹿又 喜隆〕

第2節

仙台高等工業学校建築学科の建築教育

1 建築学科の系譜とその建築

東北大学大学院 工学研究科 都市・建築学専攻（以下、「都市・建築学専攻」）にまつわる文化財として、「旧仙台高等工業学校建築学科棟」・「旧東北帝国大学付属図書館閲覧室」という歴史的建造物と、「建築教育・研究資料」という歴史資料が今に伝わる。

都市・建築学専攻は、その一源流を仙台高等工業学校建築学科の創設に求めることができる。大正一二（1923）年に新設が計画されると、やがて昭和四（1929）年にその認可が下り、昭和五（1930）年に実現するに至った。仙台高等工業学校（昭和五～一九年）、仙台工業専門学校（昭和一九～二四年）、東北大学仙台工業専門学校（昭和二四～二六年）の各時代と学制改革を経て、現専攻に至る。

東北大学片平キャンパスの最南端に、「旧仙台高等工業学校建築学科棟」が立つ［1］。昭和四〇（1965）年より始まり同四四年に完了した工学部の青葉山移転まで、同学科が研究室や教室として使用した建築だ。文部省建築課による設計により、昭和五（1930）年に大阪大林組が竣工した鉄筋コンクリート造の三階建てで、スクラッチタイルによる外観に特徴をもつ。南六軒丁に向かって開く一階中央のボールト状の通路は、仙台高等工業学校のキャンパス全体のゲートとして象徴的な役割をも担った。

建築学科の創設と教育に大きく貢献したのが、初代建築学科長を務めた小倉強(1893-1980)である[2]。小倉は東京帝国大学工科大学建築学科を卒業後、東京府建築技師などを務めたのち、大正一一(1922)年に東北帝国大学営繕課技師として赴任する。

現存する「旧東北帝国大学附属図書館閲覧室」(現東北大学史料館)は、まさに小倉の設計によるものだ[3]。

1

2

3

1_旧仙台高等工業学校建築学科棟 | **2**_小倉強(左)ガラス乾板写真
3_旧東北帝国大学附属図書館閲覧室

大正一四(1925)年に完成した建築で、かつて法文学部図書館と通称された。鉄筋コンクリート造の二階建(一部三階)で、瓦葺きの寄棟造の屋根形式を採り、小屋組を鉄骨トラスで組む。中央部の塔屋を併せ持ったロマネスク風の外観と、煉瓦・石・白色塗料による外壁のコントラスト、半円アーチの2階の窓などがバランス良く配置された秀作である。工学部・理学部・文科系学部が順次青葉山や川内キャンパスに移転していくなか、この建築は改修されながら東北大学記念資料室として、現在は東北大学史料館として利活用され続けてきた。片平キャンパスの、いわば生き字引として親しまれてきたのである。

2 「建築教育・研究資料」の蒐集

仙台高等工業学校に建築学科新設の話が持ち上がると、その開設準備のため、小倉は時の校長新保徳寿(1873-1938)に海外視察を命じられる。昭和四(1929)年三月には文部省在外研究員としてドイツに留学し、帰国後の昭和五(1930)年四月に仙台高等工業学校建築学科長兼教授に就任する。戦後の昭和二五年四月に東北大学教授を歴任し、定年退職する昭和三一(1956)年三月まで学科長を勤め上げた。

小倉たちが尽力した建築教育・研究に深く関係するのが、「建築教育・研究資料」である[4]。これらは建築模型・実測図面・写真乾板等で構成され、前身となる仙台高等工業学校時代から蒐集されてきた膨大な資料群だ。地方の近代中核都市で実践された建築学の教育や、近代官立高等教育機関の実像、さらには東北地方で消失し

4

4_鹿苑寺金閣模型(「建築教育・研究資料」(1437点の一つ)

た歴史的建造物の実態をもうかがうことができ、建築史学や工学史学にとどまらず、文化財学・教育史学・考古学の観点からみても極めて貴重だ。ここでは紙幅の関係から、大きく二つのトピックに限定し紹介しよう。

3　仙台工業専門学校建築学科の実測演習と「実測図面」

仙台高等工業学校建築学科では、仙台近郊の歴史的建造物を対象に実測演習が行われた。建築の実態や組立て方を正確に把握するための教育プログラムとして、小倉がこの演習を計画した。その演習の成果が、「実測図面」である。歴史的建造物の実測を教育に盛り込んだ小倉の意図は、「先人が残した秀れ《[ママ]》た建築を調査し実測図を作成することは、建築の実態を把握する上に重要であると思うた」ためであった。この演習は仙台高等工業学校建築学科が新設された昭和五(1930)年から始まり、戦中・戦後の一時期に中断されたものの、仙台工業専門学校が東北大学に包摂されたのちの昭和二九(1954)年まで続けられた。

学生は入学すると1年生の夏季休業中の実習課題として数日間合宿し、寺社や民家など仙台近郊の歴史的建造物の調査を通して、建築の本質を理解するための実測を現場で体験した[5]。この演習の指導に、小倉は仙台高等工業学校在職中の十年間携わったようだ。各年において、小倉のほか横山秀哉・田中昌穂・橋本慶金・齋藤真六・辻井静二らによる建築学科のスタッフによる指導があった。

ケント紙に平面図・立面図・断面図をインキングしたものが多数現存する。各年代別の実測演習現場および調査現場は次の通りである。

昭和五年　仙台城大手門
昭和六年　瑞鳳殿、感仙殿

昭和七年　瑞巌寺
昭和八年　国分寺薬師堂、白山神社（調査先：白石齋川村調査）
昭和九年　大崎八幡神社
昭和一〇年　仙台藩養賢堂
昭和一一年　仙台東照宮
昭和一二年　成覚寺、泰心院、松音院、釈迦堂
昭和一三年　大願寺、昌繁寺、輪王寺
昭和一四年　洞雲寺、名取平野集落
昭和一五年　立石寺、吉岡八幡神社ほか
昭和一六年　名取館腰神社、民家、弘誓寺
昭和一七年　有志矢吹原開墾地
昭和二三年　孝勝寺、龍泉院、正楽寺、天満宮
昭和二四年　仙台市内民家
昭和二五年　賀茂神社、米沢地方および
　　　　　　秋田角館歴史的建造物

この演習と調査は昭和二八～二九年まで続けられた。これら演習の成果となる図面が、一部の担当学生名が判明する状態でほぼ現存しているのである。留意すべきは、これらの演習成果が、文化財建造物の保存にも戦前から寄与してきたことである。

5

6

5_仙台城大手門実測風景ガラス乾板写真｜**6**_築地本願寺本堂

小倉の回想によれば、実測演習の成果として完成した仙台城大手門と伊達家霊屋の各実測図面が、伊東忠太(1867-1954)と関野貞(1867-1935)の目にとまったという。

伊東は東京帝国大学で日本・東洋建築史の学問体系を樹立した日本最初の建築史家で、平安神宮(京都・重要文化財)や築地本願寺本堂(東京・重要文化財[6])など多くの設計を手がけた建築家でもあった。小倉は東京帝国大学在籍中に伊東から日本・東洋・西洋各建築誌の講義を受け、彼の博識と黒板に描き出された巧みな建築図に感嘆したと述懐している。その恩師となる伊東を仙台工業専門学校建築学科の講師として招き、昭和12年まで建築史の講義を依頼したのである。

著名な建築史家の目にこれらの図面が触れたことを切っ掛けに、仙台城大手門[7]と伊達家霊廟(瑞鳳殿)は昭和六(1931)年国宝に指定されるに至った。「伊達

7

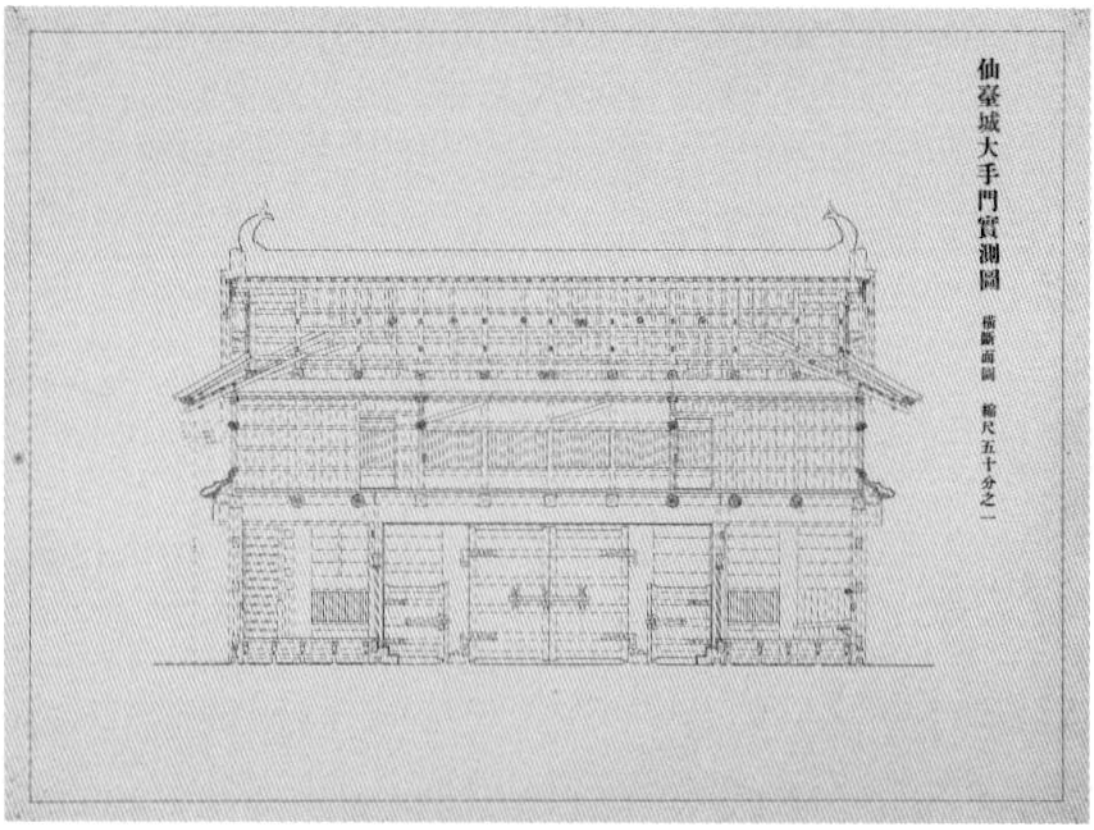

8

7_仙台城大手門ガラス乾板写真 | 8_仙台城大手門断面図

政宗霊廟」、「伊達政宗霊廟感仙殿」と併せた計四棟が、昭和六年一二月一四日付で国宝となったが、いずれも仙台高等工業学校の実測演習で図面が作成されたものだったのである［8・9］。

残念ながらこれらの建築は、いずれも昭和二〇(1945)年七月一〇日の仙台空襲で失われてしまった。しかし、「実測図面」は戦後の復興にも活用され、瑞宝殿復元の大きな手がかりにもなった。この焼失文化財の復元に尽力したのも、小倉当人であった。

また、実測演習とは別に実習課外の実測も行われた。なかでも吉岡八幡神社社殿と賀茂神社本殿［10］は、その「実測図面」がもととなり、二社とものちに宮城県指定有形文化財に指定されるに至った（前者は昭和六二(1987)年に焼失、二社の実測図面も現存せず）。なお、これら「実測図面」など学生の演習成果は、昭和16(1941)年に行われた館腰国民学校での展覧会でも公開された。

このように、戦中・戦後

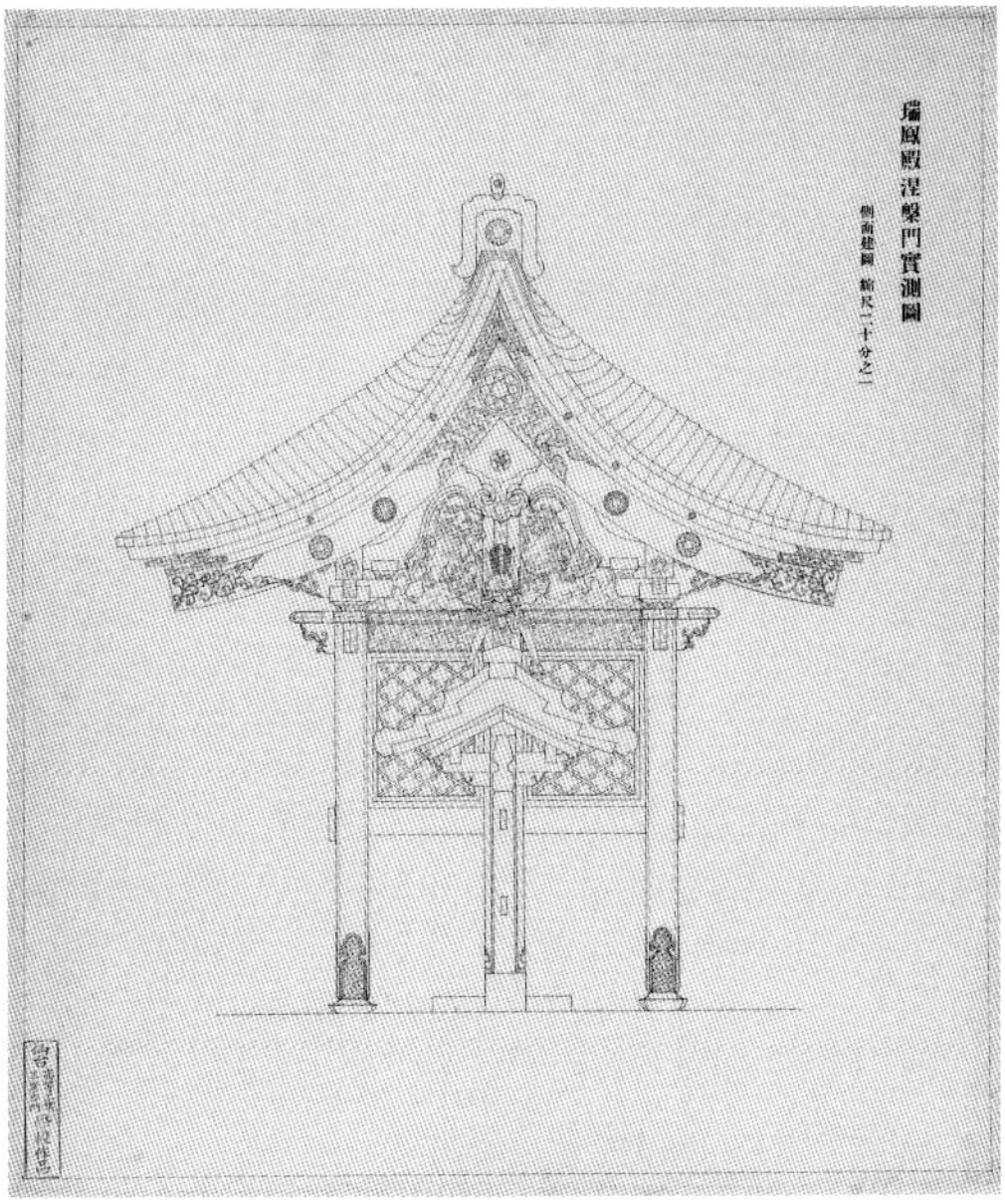

9

10

9_瑞鳳殿涅槃門実測図　側面建図｜10_賀茂神社本殿

の一部混乱期を除き、歴史的建造物をめぐる建築史学的・文化財学的・史料論的教育が継続して実施されてきた。この成果となる「実測図面」は、戦争で滅失した焼失文化財の貴重な図面群としてもその価値が社会へと還元されてきたのである。

4 「写真乾板・フィルム」と戦前の建築写真

写真乾板は日本ではおよそ明治二〇年代から、とくに職業写真の分野では昭和三〇年代まで使用され続けてきたメディア技術の一つであるが、仙台高等工業学校時代から撮影された「写真乾板・フィルム」が、「建築教育・研究資料」のなかに多数現存している。

11

12

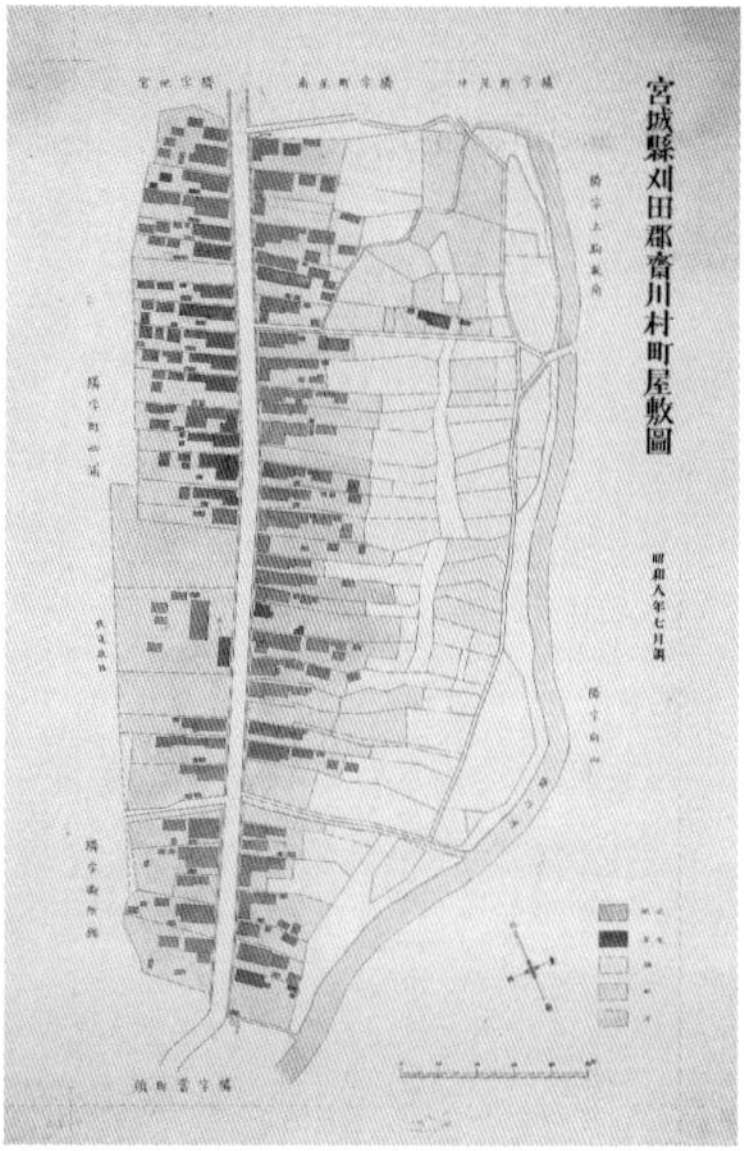

13

11_ブルーノ・タウト | 12_刈田郡齋川村ガラス乾板写真 | 13_宮城県刈田郡斎川村町 屋敷図

「写真乾板・フィルム」をめぐるエピソードのひとつとして、ブルーノ・タウト(1880-1938[11])が閲覧した写真の逸話が伝わる。タウトはドイツの建築家で、表現主義建築の先導者の一人であった。ナチスに追われ日本に亡命し、桂離宮をはじめ日本の古建築の美を再発見したことでも有名だ。

タウトは昭和九(1934)年三月に仙台高等工業学校建築学科教室を訪れている。彼流の日本建築観を小倉に説き交流を深めたようで、そのさいに齋川村の町並み写真を閲覧し、

17

16

15

14

14_仙台城多聞櫓ガラス乾板写真｜**15**_三原時計店時計塔ガラス乾板写真｜**16**_延命寺地蔵堂ガラス乾板写真
17_集合写真ガラス乾板写真 中央に伊東忠太、その向かって右に小倉強が見える

「真の日本村落の美」と激賞して自ら現地に赴いたほどだったが、その写真が「写真乾板・フィルム」の一つとして現存する[12]。なお、齋川村は前年の昭和八(1933)年の実測演習で調査が行われた場で、「宮城県刈田郡斎川村町　屋敷図」が「実測図面」の一つとして現存している[13]。

宮城県を中心に、東北地方の歴史的建造物の写真も数多く現存する。例えば、戦争で焼失する以前の仙台城大手門や多聞櫓といった焼失文化財の写真のほか[14]、仙台高等工業学校校舎などの学校建築、三原時計店時計塔[15]、宮城県県会議事堂など、仙台市内の近代建築の実態がよくわかる写真も多数遺る。福島県に所在する中世仏堂[16]や、小倉が調査時に撮影したと思われる東北の民家の写真もみられる。卒業生や教官のポートレートなど、仙台高等工業学校建築学科での日常風景や集合写真[17]も散見されるほか、宮城県県会議事堂雛形模型などを活用した建築展覧会の風景写真も存在する[18]。小倉たち建築学科の教員が教育・研究のために撮影したものも多数含まれ、東洋・西洋建築史資料の複写や、各種の地図類、さらには関東大震災後の建造物被害写真といった貴重な災害記録写

18

18_展覧会風景ガラス乾板写真

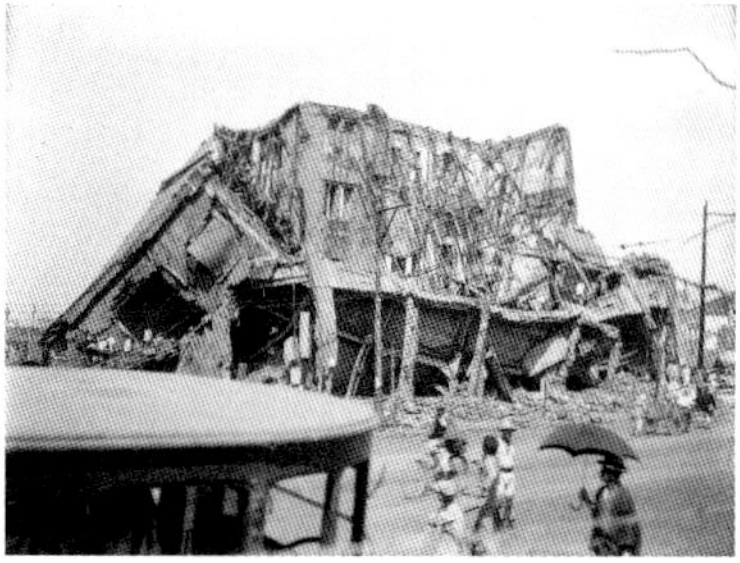
19

20

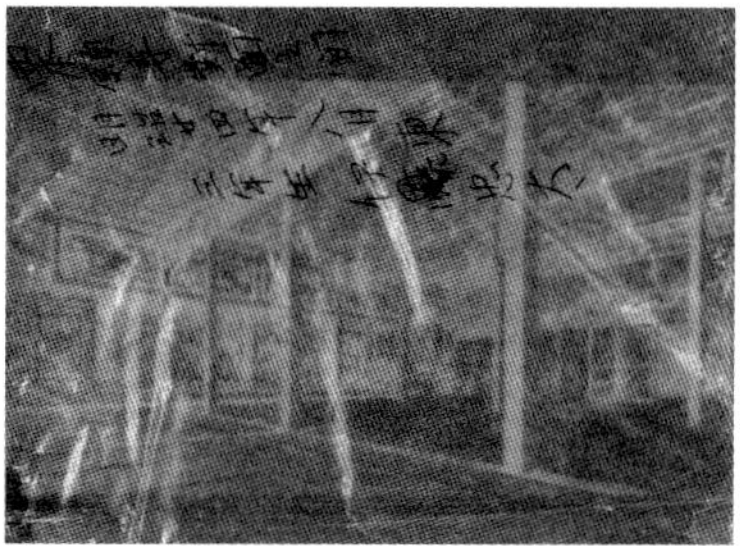
21

真もみえる［19］。

先にも触れた伊東忠太に関するガラス乾板も伝わる。伊東は月に一度のペースで東京から来仙することで、建築史の講義を仙台高等工業学校で実施したが、そのさい、図面や写真を大量に持ち込んだという証言が残っている。その教育資料と思しきものが現存するのである。

これらは硫酸紙の袋にインクでそれぞれ「西本願寺対面之間　明治廿四年八月　三年生伊東忠太」［20・21］、「二條城白書院　明治二十五年八月　三年生長野宇平治」、「二條城黒書院　明治廿四年八月　三年生河合幾次」、「二條城松之間、次之間　明治廿四年八月　三年生真水英夫」と記されている。伊東忠太、長野宇平治（1867-1937）、河合幾次（1864-1942）、真水英夫（1866-1938）は、4人とも東京帝国大学工科大学造家学科を卒業した日本を代表する近代の建築家で、伊東・河合・真水は明治二五（1892）年に、長野は明治二六（1893）年にそれぞれ卒業している。東京帝国大学工科大学造家学科の学生時代に自ら写生・撮影したとみられるものの複製とみられ、教材として活用されたものの一部と思われる。

［野村 俊一］

19_関東大震災後の建造物被害ガラス乾板写真｜20_西本願寺対面之間スケッチガラス乾板写真｜21_同硫酸紙袋

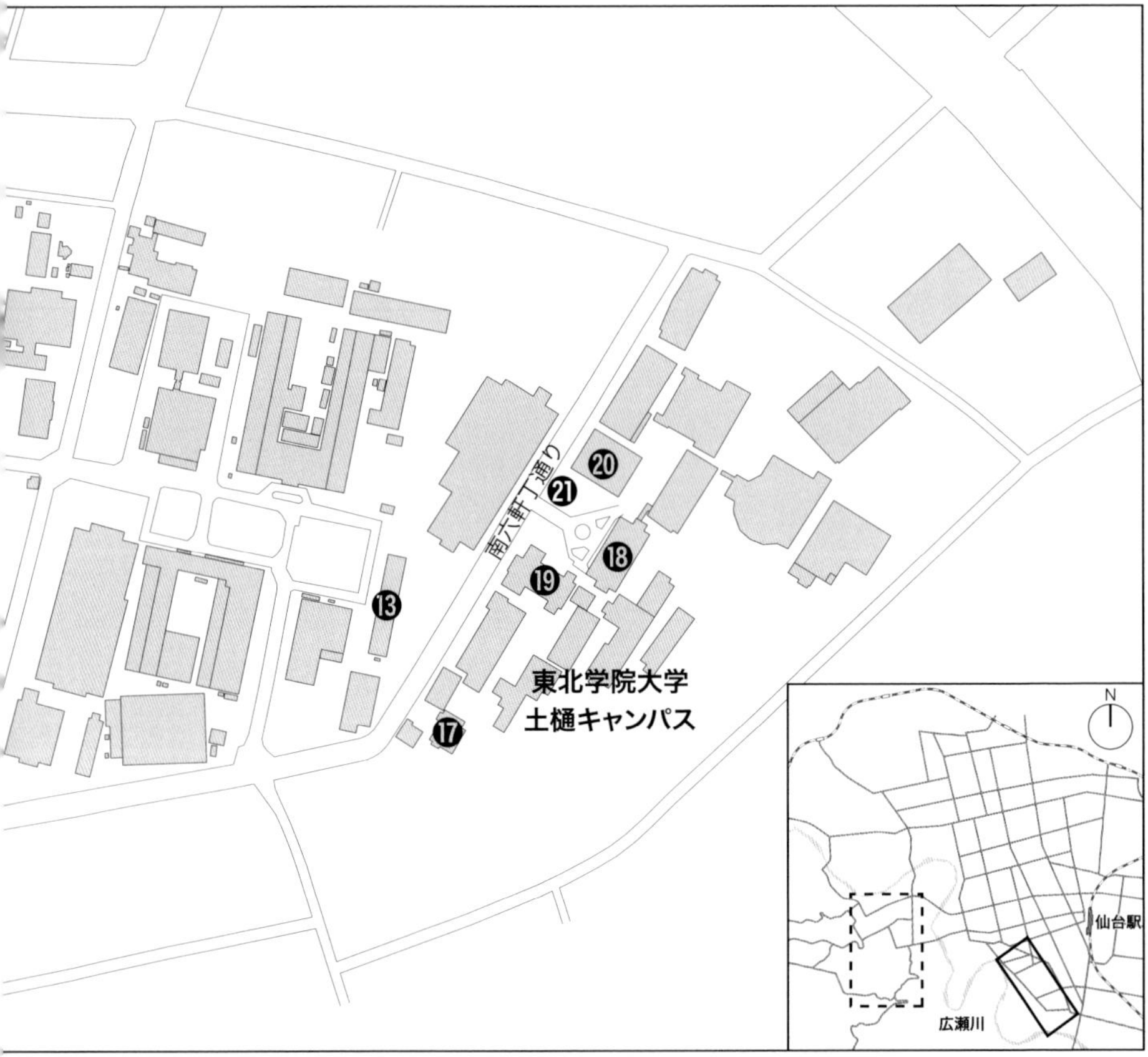

	名称	文化財種類	時代
⓬	旧東北帝国大学工学部機械学及び電気学実験室	登録有形文化財(建造物)	昭和前
⓭	旧仙台高等工業学校建築学科棟	登録有形文化財(建造物)	昭和前
⓮	本多記念館	登録有形文化財(建造物)	昭和前
⑮	官立高等教育機関営繕組織近代建築図面（東北帝国大学営繕課旧蔵）※	登録有形文化財(美術品)	昭和
⑯	建築教育・研究資料（仙台高等工業学校建築学科旧蔵）※	登録有形文化財(美術品)	昭和
⓱	東北学院旧宣教師館（旧デフォレスト館）	重要文化財(建造物)	明治
⓲	東北学院大学本館（旧東北学院専門部校舎）	登録有形文化財(建造物)	大正
⓳	ラーハウザー記念東北学院礼拝堂	登録有形文化財(建造物)	昭和前
⓴	東北学院大学大学院棟（旧シュネーダー記念東北学院図書館）	登録有形文化財(建造物)	昭和中
㉑	東北学院大学正門	登録有形文化財(建造物)	大正

※⑮は東北大学大学院工学研究科都市・建築学専攻、東北大学史料館にて保管
　⑯は東北大学大学院工学研究科都市・建築学専攻にて保管

巻末地図１｜片平・南六軒丁地区の歴史遺産

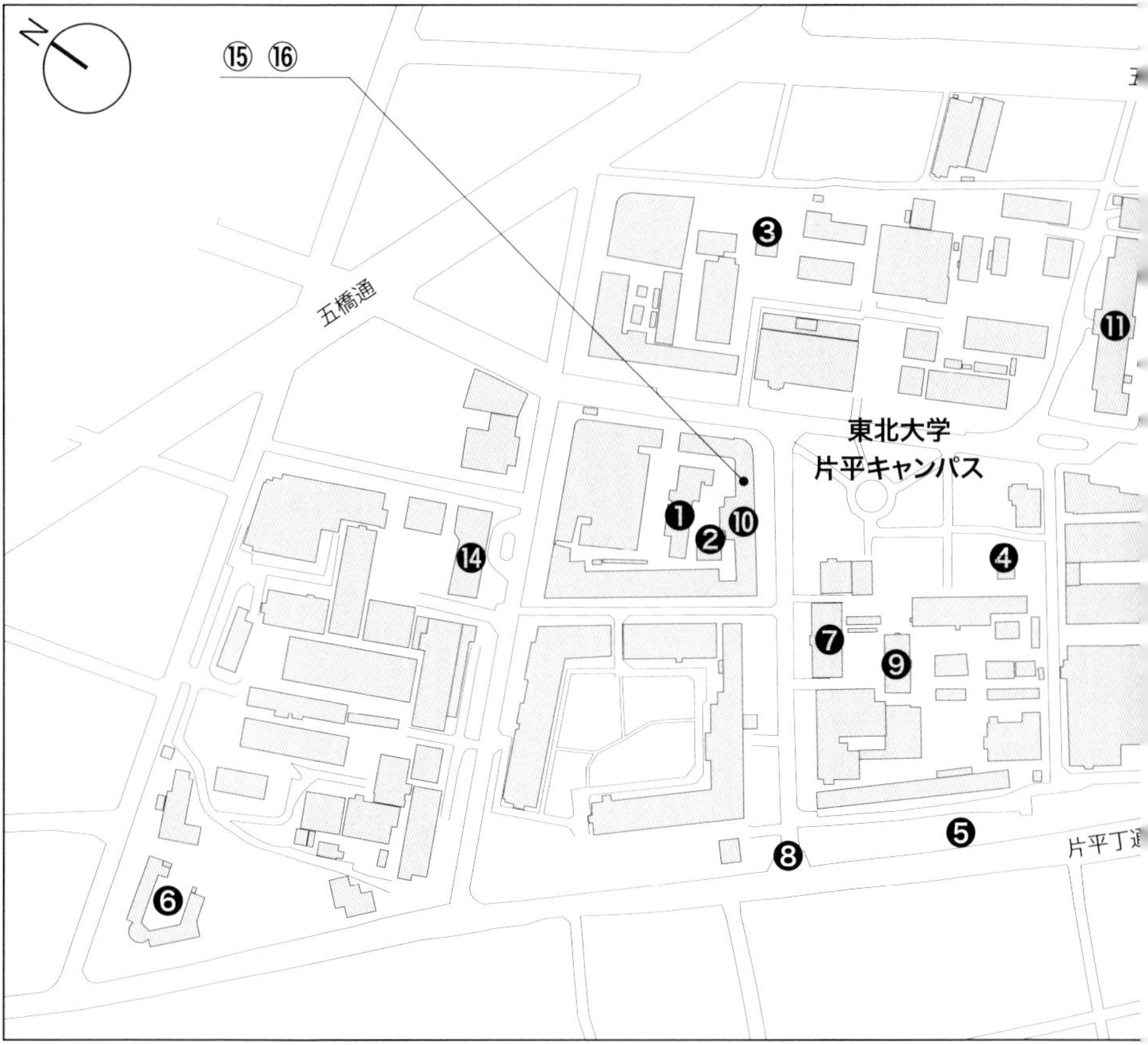

	名称	文化財種類	時代
❶	旧仙台医学専門学校博物・理化学教室（東北大学本部棟３）	登録有形文化財(建造物)	明治
❷	旧仙台医学専門学校六号教室（東北大学魯迅の階段教室）	登録有形文化財(建造物)	明治
❸	旧第二高等中学校物理学教室	―	明治
❹	旧第二高等学校書庫（東北大学文化財収蔵庫）	登録有形文化財(建造物)	明治
❺	旧制第二高等学校正門	登録有形文化財(建造物)	明治
❻	旧東北帝国大学理学部生物学教室	登録有形文化財(建造物)	大正
❼	旧東北帝国大学附属図書館閲覧室（東北大学史料館）	登録有形文化財(建造物)	大正
❽	旧東北帝国大学正門（東北大学正門）	登録有形文化財(建造物)	大正
❾	旧東北帝国大学法文学部第二研究室	登録有形文化財(建造物)	昭和前
❿	旧東北帝国大学理学部化学教室棟（東北大学本部棟１）	登録有形文化財(建造物)	昭和前
⓫	旧東北帝国大学工学部機械学及び電気学教室	登録有形文化財(建造物)	昭和前

地図制作：小貫 勅子

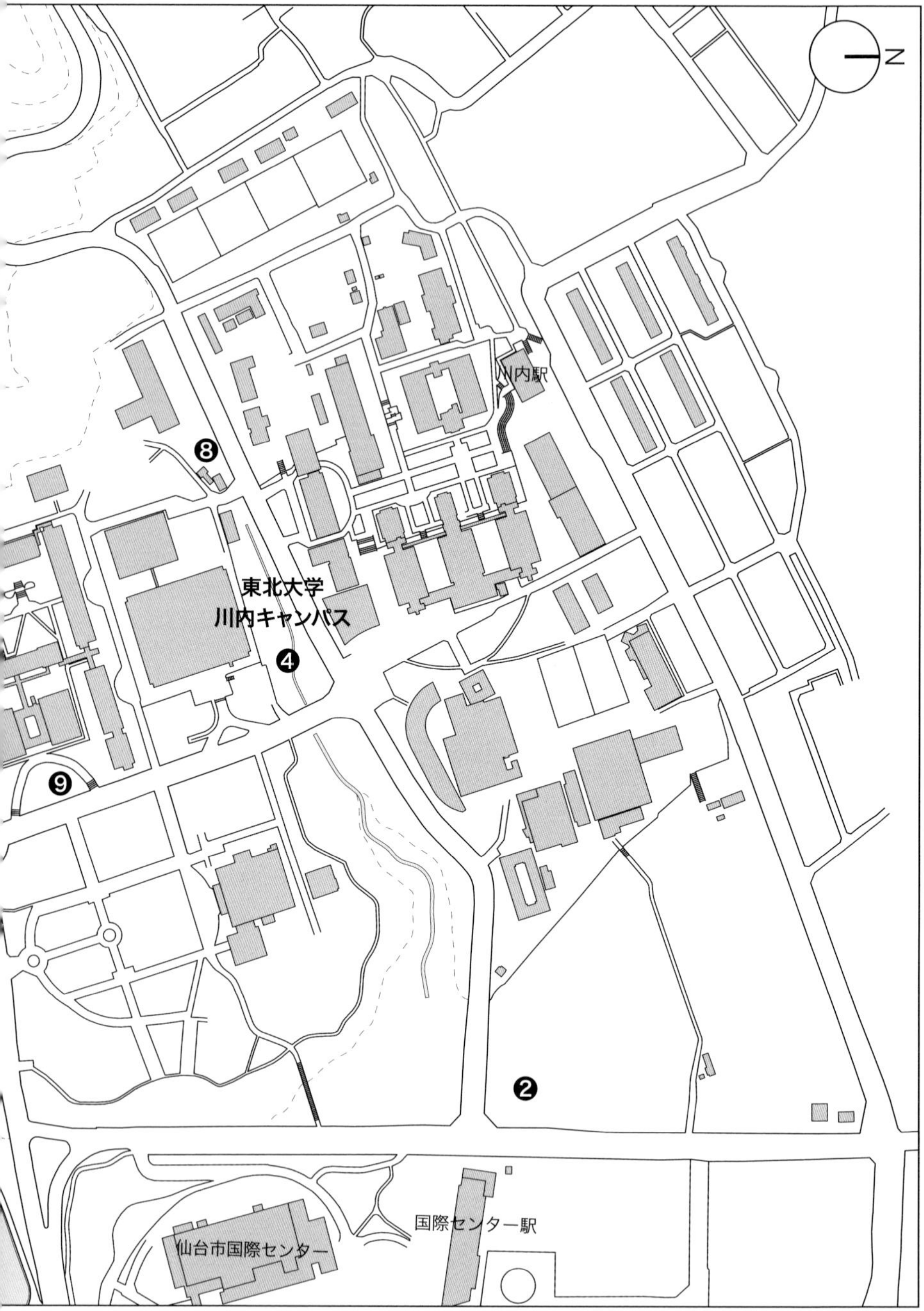
N
川内駅
❽
東北大学
川内キャンパス
❹
❾
❷
国際センター駅
仙台市国際センター

巻末地図2 川内地区の歴史遺産

	名称	文化財種類	時代
❶	川内古碑群	埋蔵文化財(遺跡)	鎌倉
❷	川内B遺跡	埋蔵文化財(遺跡)	縄文・江戸
❸	仙台城跡	史跡名勝天然記念物	江戸
❹	仙台城跡	埋蔵文化財(遺跡)	江戸以前
❺	青葉山	史跡名勝天然記念物	ー
❻	師団期火薬庫	ー	明治～昭和以前
❼	米軍期消火栓	ー	昭和
❽	米軍期消火栓	ー	昭和
❾	米軍期消火栓	ー	昭和
❿	米軍期消火栓	ー	昭和
⓫	米軍期消火栓	ー	昭和

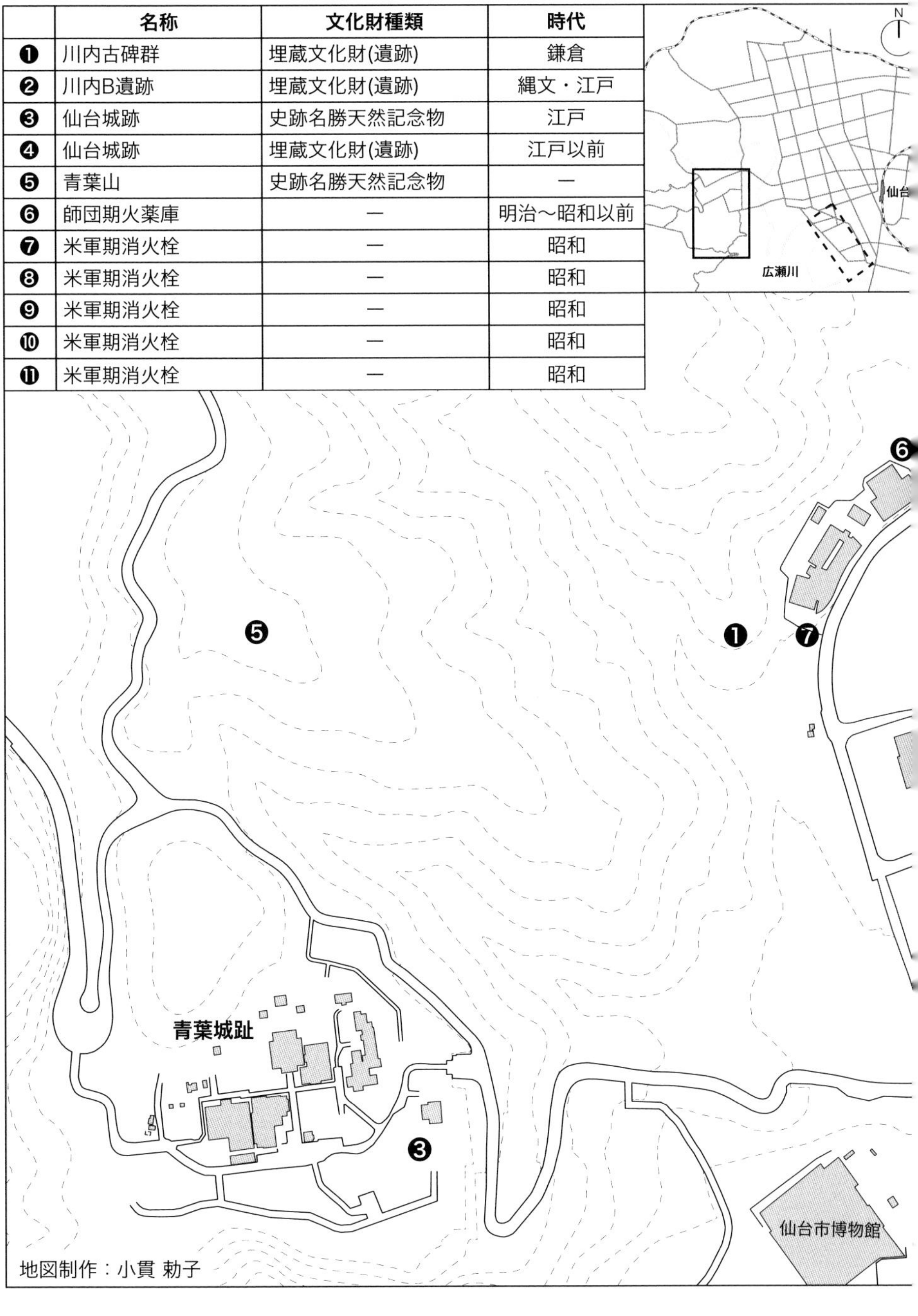

地図制作：小貫 勅子

あとがき

加藤　諭

東北大学が置かれている片平や川内のキャンパスは、本書で描かれているように、近代からの歴史をたどっても重層的な土地利用がなされてきた。建物に関しても、管理主体や使用目的を変えながら利用され続けてきたものも少なくない。そうした中で、東北大学は平成二九（2017）年に片平の明治期以降の建物五棟が登録有形文化財（建造物）に登録され、令和元（2019）年には工学研究科都市・建築学専攻及び史料館が保管する「建築教育・研究資料」「官立高等教育機関営繕組織近代建築図面」が登録有形文化財（美術工芸品・歴史資料）として新たに登録、さらに令和三（2021）年には八件の登録有形文化財（建造物）が登録された。この結果、令和三年時点の登録有形文化財（建造物）の登録件数において東北大学は、国立大学中では最大規模となる見込みとなっている。一世紀以上にわたる東北大学の歴史、その沿革に連なる土地の歴史が、学術的にも改めて着目されているといえよう。

　また、東北大学は「社会とともにある大学」を掲げ、地域および世界に開かれた交流の場を提供することを平成三〇（2018）年に、東北大学ビジョン2030として策定している。片平、川内のキャンパスは、東北大学の門戸開放の理念のもとで、構成員のみならず、地域および世界に開かれた場として機能している。

そうした歴史を有し、開かれた場である片平、川内のキャンパスの形成史を学際的な視角でまとめてみたい、これが編者、執筆者が本書を著した所以である。本書はそれゆえ、歴史学、建築史学、考古学、人類学と幅広い分野の研究者の視点から、東北大学を含めた片平、川内のキャンパスの成り立ちを、文献史料にとどまらず、発掘調査や図面、写真などの実物資料も取上げ、学内史資料や文化財の活用のあり方にも触れながら、各節を構成することが企図された。

執筆にあたった令和二(2020)年から令和三年にかけてはちょうど、コロナ禍でキャンパスを利用することそのものが問い直された時期でもあった。東北大学が置かれた場の成り立ちを紐解くことは、キャンパスやそこに残されてきた学術資源をどう評価しどう利活用していくのか、その来し方行く末を考える視座を提供することにも繋がるだろう。

本書は学術書であるとともに、手に取りやすい読みやすさも考慮した。是非、本書を片手に、今は無き建物、現存する建物や通路の成り立ちに想いを馳せながらキャンパスを巡り歩いてほしい。本書を通じて、多くの人たちに東北大学が置かれた場としての片平、川内の魅力が伝われば幸いである。

最後に本書は、東北大学学際科学フロンティア研究所 領域創成研究プログラム「地方中核都市における官立高等教育機関の都市・建築とその近代化に関する学際的・歴史学的研究」(研究代表者:野村俊一)の成果の一端である。大学キャンパスが近代に果たしてきた役割について多面的な共同研究の機会を与えて頂いたことに、感謝申しあげる次第である。

参考文献

[第1章 一 第1節]

- 小倉強1976『明治の洋風建築：宮城県』(宝文堂出版)
- 飯淵康一「第二章 東北帝国大学時代の建築」(『東北大学百年史 三 通史』東北大学出版会、2010)
- 野村俊一編2014『デフォレスト館建造物調査報告書』(東北学院)
- 櫻井一弥編2014『デフォレスト館建造物調査報告書：補遺 建造物の来歴ならびにスレートに関する追加調査報告』(東北学院)
- 野村俊一2015「デフォレスト館の創建と明治期の履歴」(『日本建築学会計画系論文集』80(707))
- 国立近現代建築資料館2018『明治期における官立高等教育施設の群像：旧制の専門学校、大学、高等学校などの実像を建築資料からさぐる』(文化庁)
- 野村俊一編2019「官立高等教育機関営繕組織近代建築図面(東北帝国大学営繕課旧蔵)」に関する建築史学的・高等教育史学的研究調査報告書(東北大学大学院工学研究科都市・建築学専攻空間文化史学分野)
- 野村俊一編2019『「建築教育・研究資料(仙台高等工業学校建築学科旧蔵)」に関する建築史学的研究調査報告書』(東北大学大学院工学研究科都市・建築学専攻空間文化史学分野)

[第1章 一 第2節]

- 小倉強1976『明治の洋風建築：宮城県』(宝文堂出版)
- 宮本雅明1989『日本の大学キャンパス成立史』(九州大学出版会)
- 飯淵康一1991「第二高等中学校の遺構について」(『日本建築学会学術講演梗概集・F、都市計画、建築経済・住宅問題、建築歴史・意匠』)
- 坂田泉・飯淵康一・河原清1991「東北大学片平地区の明治期建築について−2――旧第二高等中学校の遺構」(『東北大学建築学報』(30))
- 坂田泉・飯淵康一・渡辺裕生1998「東北大学片平地区の明治期建築について」(『東北大学建築学報』(27))
- 飯淵康一・永井康雄・吉田歓・田中正三・河野順一郎2000「旧第二高等中学校の建築図面」(『日本建築学会東北支部研究報告集』計画系(63))
- 永井康雄・飯淵康一・吉田歓・田中正三・河野順一郎2000「東北帝国大学理科大学の建築図面」(『日本建築学会東北支部研究報告集』計画系(63))
- 東北歴史博物館2005『宮城県の近代化遺産：宮城県近代化遺産総合調査報告書』(宮城県教育委員会)
- 飯淵康一「第二章 東北帝国大学時代の建築」(『東北大学百年史 三 通史』東北大学出版会、2010)
- 野村俊一2015「デフォレスト館の創建と明治期の履歴」(『日本建築学会計画系論文集』80(707))
- 国立近現代建築資料館2018『明治期における官立高等教育施設の群像：旧制の専門学校、大学、高等学校などの実像を建築資料からさぐる』(文化庁)
- 野村俊一編2019「官立高等教育機関営繕組織近代建築図面(東北帝国大学営繕課旧蔵)」に関する建築史学的・高等教育史学的研究調査報告書(東北大学大学院工

学研究科都市・建築学専攻空間文化史学分野）
- 堀勇良『日本近代建築人名総覧』（中央公論新社、二〇二一）

［第1章｜第3節］
- 1907年2月28日『河北新報』
- 1907年5月19日『河北新報』
- 北條時敬 1917「引継事項」東北大学史料館所蔵
- 1932「昭和八年度予算決定経過書類」東北大学史料館所蔵
- 1949『新制東北大学要覧』東北大学史料館所蔵
- 1957『東北大学学報』第500号　東北大学史料館所蔵
- 東北大学百年史編集委員会2007『東北大学百年史』一通史一（東北大学）
- 東北大学百年史編集委員会2008『東北大学百年史』二通史二（東北大学）
- 東北大学百年史編集委員会2008『東北大学百年史』十一資料編四（東北大学）
- 東北大学百年史編集委員会2009『東北大学百年史』三通史三（東北大学）

［第1章｜第4節］
- 1911～1936『本部関係規程綴／自明治44年度至昭和12年度』東北大学史料館所蔵
- 1922～1943『任免　大正一一年自五月至八月』～『任免　昭和一八年六月』東北大学史料館所蔵
- 1922～1948『東北帝国大学一覧　自大正一一年至大正一二年』～『東北大学一覧　昭和一九―二三年度』東北大学史料館所蔵
- 1933年3月3日『河北新報』
- 東北大学百年史編集委員会2003『東北大学百年史』四部局史一（東北大学）
- 東北大学百年史編集委員会2009『東北大学百年史』一〇資料編三（東北大学）
- 東北大学施設部百年のあゆみ編纂委員会2013『東北大学施設部百年のあゆみ』（東北大学施設部）

［第2章｜第1節］
- 仙台陸軍教導学校編1934『仙台陸軍教導学校要覧』（東北活版社）
- 小林清春監修1994『絵図・地図で見る仙台』（今野印刷）
- 藤澤 敦・関根達人・奈良佳子1999『東北大学埋蔵文化財調査年報』11（東北大学埋蔵文化財調査研究センター）
- 佐藤雅也2000「資料紹介 ――「仙台市管区経理部『各部隊配置図・国有財産台帳附図』について――」『足下からみる民俗（9）』調査報告書第19集（仙台市歴史民俗資料館）
- 東北大学百年史編集委員会編2009『東北大学百年史』二通史二（東北大学）
- 加藤 宏2011『旧第二師団軍事施設配置に関する歴史的研究』（加藤宏）
- 藤澤 敦ほか2013『仙台城跡二の丸北方武家屋敷地区第13地点』東北大学埋蔵文化財調査室報告2（東北大学埋蔵文化財調査室）
- 菅野智則・柴田恵子・石橋 宏2016『仙台城跡二の丸北方武家屋敷地区第16地点』東北大学埋蔵文化財調査室調査報告5（東北大学埋蔵文化財調査室）

［第2章｜第2節］
- 仙台陸軍教導学校編 1934『仙台陸軍教導学校要覧』（東北活版社）
- 社史編纂委員会編 1983『百年史 日本セメント株式会社』（日本セメント）
- 小林清春監修1994『絵図・地図で見る仙台』（今野印刷）
- 佐藤雅也 2000「資料紹介 ――「仙台市管区経理部『各部隊配置図・国有財産台帳附図』について――」『足下からみる民俗（9）』調査報告書第19集（仙台市歴史民俗資料館）

- 佐藤 淳ほか 2008『若林城跡――第5次発掘調査報告書』仙台市文化財調査報告書第323集（仙台市教育委員会）
- 藤澤 敦ほか 2013『仙台城跡二の丸北方武家屋敷地区第13地点』東北大学埋蔵文化財調査室調査報告2（東北大学埋蔵文化財調査室）
- 文化庁文化財部記念物課編 2015『近代遺跡調査報告書――軽工業――』第二分冊（文化庁文化財部記念物課）
- 菅野智則・柴田恵子・石橋 宏 2017『仙台城跡二の丸第18地点』東北大学埋蔵文化財調査室調査報告6（東北大学埋蔵文化財調査室）
- 柴田恵子ほか 2020『仙台城跡二の丸北方武家屋敷地区第14地点』第二分冊 東北大学埋蔵文化財調査室調査報告8（東北大学埋蔵文化財調査室）

［第2章－第3節］

- 菅野智則・柴田恵子・石橋 宏 2016『仙台城跡二の丸北方武家屋敷地区第16地点』東北大学埋蔵文化財調査室調査報告5（東北大学埋蔵文化財調査室）
- 菅野智則・柴田恵子・石橋 宏 2017『仙台城跡二の丸第18地点』東北大学埋蔵文化財調査室調査報告6（東北大学埋蔵文化財調査室）

［第2章－第4節］

- 1957『評議会議事要録綴 昭和三二年度』東北大学史料館所蔵
- 1961『川内のしおり 訂正増補版』東北大学史料館所蔵
- 1964『東北大学学報』第六四七号 東北大学史料館所蔵
- 1966『評議会議事要録綴 昭和三六年度』東北大学史料館所蔵
- 東北大学百年史編集委員会 2008『東北大学百年史』二通史二（東北大学）
- 東北大学百年史編集委員会 2008『東北大学百年史』十一資料編四（東北大学）

［第3章－第1節］

- 遠藤源七 1911「陸前下増田の経ノ塚発掘の鐙形埴輪」『考古学雑誌』2(7)
- 長谷部言人 1924「陸前名取郡増田村下増田経の塚出土鹿角製刀装具に就て」『人類学雑誌』39-(4・5・6)
- 喜田貞吉 1933『還暦記念　六十年之回顧』自刊
- 喜田貞吉 1934「青森県出土洗骨入土器」『歴史地理』63(6)
- 毛利総七郎・遠藤源七 1953『陸前沼津貝塚骨角器図録』三和興行印刷所
- 伊東信雄 1957「古代史」『宮城県史』1 宮城県史刊行会
- 山本清 1958「西山陰の横穴について」『島根大学論集（人文科学）』8
- 伊東信雄編 1962『沼津貝塚出土石器時代遺物』第1集 東北大学文学部東北文化研究室
- 伊東信雄編 1963『沼津貝塚出土石器時代遺物』第2集 東北大学文学部日本文化研究所
- 伊東信雄編 1964『沼津貝塚出土石器時代遺物』第3集 東北大学文学部日本文化研究所
- 伊東信雄 1968「宮城県牡鹿郡稲井町沼津貝塚」『日本考古学年報』16
- 藤沼邦彦 1972「石巻市沼津貝塚」『日本考古学年報』20
- 石巻市教育委員会1976『沼津貝塚保存管理計画策定事業報告書』石巻市教育委員会
- 伊東信雄 1981「経の塚古墳」『宮城県史34 史料集Ⅴ 考古資料』p.428
- 喜田貞吉 1982（伊東信雄編）『喜田貞吉著作集13 学窓日誌』平凡社
- 山本清 1984「横穴被葬者の地位をめぐって」『島根考古学会誌』1

- 川口亮2017「東北帝国大学法文学部における考古学研究の黎明」『宮城考古学』19

[第3章｜第2節]

- 小倉強1956『建築四十年』(相模書房)
- 東北大学編1960『東北大学五十年史』(東北大学)
- 作道好男・江藤武人編1971『扶揺万里の風待ちし：仙台高等工業学校45年史』(財界評論新社)
- 小倉強監・北匠会編1973『実測図仙臺及び近郊の古建築』(北匠会)
- 東北大学工学部建築学科編1981『東北大学工学部建築学科創立30周年記念誌』(東北大学工学部建築学科)
- 飯淵康一、永井康雄、田中正三、佐藤功、坂田泉1995「古写真にみる仙台の建築」(『東北大学建築学報』第三四号)
- 東北大学工学部建築学科編2001『東北大学工学部建築学科創立50周年記念誌』(東北大学工学部建築学科)
- 文化庁編『新版　戦災等による焼失文化財』(戎光祥出版、2003)
- SKK同窓会仙台高等工業学校創立百周年記念誌編集委員会編2006『仙台高等工業学校創立百周年記念誌：青雲の遠きを仰ぎて』(東北大学出版会)
- 野村俊一編2019「官立高等教育機関営繕組織近代建築図面(東北帝国大学営繕課旧蔵)」に関する建築史学的・高等教育史学的研究調査報告書(東北大学大学院工学研究科都市・建築学専攻空間文化史学分野)
- 野村俊一編2019『「建築教育・研究資料(仙台高等工業学校建築学科旧蔵)」に関する建築史学的研究調査報告書』(東北大学大学院工学研究科都市・建築学専攻空間文化史学分野)
- 堀勇良『日本近代建築人名総覧』(中央公論新社、二〇二一)

図版出典

［第1章｜第1節］

1・7 筆者撮影

2 東北大学大学院工学研究科都市・建築学専攻所蔵

3・5・6 高倉淳、吉岡一男2005『絵図・地図で見る仙台』（今野印刷）

4 仙台市歴史民俗資料館所蔵

8・16 ハーバード大学ホートンライブラリー所蔵

11・12 仙台法務局所蔵

13 Jairus P. Moore1925, Forty years in Japan, 1883-1923, Board of Foreign Missions, Reformed Church in the United States

15 仙台市博物館所蔵

9 大澤米造編1935『幕末・明治・大正 回顧八十年史』第二十輯（東洋文化協会）

10 横浜市編1933『横浜市史稿 政治編 三』（横浜市）

14 河西晃祐2013『押川方義とその時代』（東北学院）

［第1章｜第2節］

1 沖野忠雄編『山口博士建築図集』

2 1914『建築雑誌』第三二九号

3・12・13・15・16・17・18・22 筆者撮影

4・10・11・20・21 東北大学史料館所蔵

5・6・23 東北大学大学院工学研究科都市・建築学専攻所蔵

14 株式会社とよま振興公社教育資料館所蔵

19 1933『日本建築士』第三三巻第二号

［第1章｜第3節］

1 1913『東北帝国大学理科大学一覧 自大正2年至大正3年』東北大学史料館所蔵

2 1917『東北帝国大学理科大学医科大学一覧 自大正6年至大正7年』東北大学史料館所蔵

3 1920『東北帝国大学一覧 自大正8年至大正9年』東北大学史料館所蔵

4 1923『東北帝国大学一覧 自大正12年至大正13年』東北大学史料館所蔵

5 1929『東北帝国大学一覧 自昭和4年至昭和5年』東北大学史料館所蔵

6 1939『東北帝国大学一覧 昭和14年度』

7 東北大学史料館所蔵

7 1959『東北大学一覧 自昭和24年度至昭和33年度』東北大学史料館所蔵

8 1957『TOHOKU UNIVERSITY CALENDER』東北大学史料館所蔵

［第1章｜第4節］

1 「医科大学 大正3年(1915)頃」C000435 東北大学史料館所蔵

2 「附属図書館本館・書庫大正末～昭和初年頃」C002924 東北大学史料館所蔵

3 「営繕事務室（昭和8年頃）」C002337 東北大学史料館所蔵

4 「仙台高等工業学校土木工学科第二回卒業記念（明治44年頃）」C003931 東北大学史料館所蔵

表1 各年度『東北帝国大学一覧』東北大学史料館所蔵

表2 各年度『任免』『東北帝国大学一覧』東北大学史料館所蔵、東北大学施設部百年のあゆみ編纂委員会2013『東北大学施設部百年のあゆみ』（東北大学施設部）

［第2章｜第1節］

3・5・6・7 東北大学埋蔵文化財調査室所蔵

8 背景図は、①東北大学埋蔵文化財調査

室所蔵、②東北大学施設部所蔵、③仙台歴史民俗資料館所蔵

9 1945「空撮写真 21BC-3PR-5M237-2V」米国国立公文書館所蔵

10 仙台陸軍教導学校編1934『仙台陸軍教導学校要覧』(東洋活版社)

11 ①1888「2万分1地形図 仙台」国土地理院 ②小林清春監修1994『絵図・地図で見る仙台』(今野印刷)、③1905「2万分の1地形図 仙台南部」国土地理院、④1930「2万5千分の1地形図 仙台西北部」国土地理院

[第2章―第2節]

1・6・7・8・9 東北大学埋蔵文化財調査所蔵

2 「川内大講義室」D06-1-005-020 東北大学史料館所蔵

4 背景図は、①東北大学施設部所蔵、②仙台市歴史民俗資料館所蔵

5 仙台陸軍教導学校編1934『仙台陸軍教導学校要覧』(東洋活版社)

[第2章―第3節]

1・7 東北大学埋蔵文化財調査室所蔵

2 ①1946「空撮写真 CA-1」国土地理院、②1947「空撮写真 CA-60」国土地理院

3 「植物園 第二師団弾薬庫跡付近」D06-1-010-001 東北大学史料館所蔵

4・6 筆者撮影

5 ①1952「空撮写真 CA-157」国土地理院、②2006「空撮写真 C11-9」国土地理院

[第2章―第4節]

1 1959『東北大学一覧 自昭和24年度至昭和33年度』東北大学史料館所蔵

2 「川内分校遠景/昭和35年(1960)頃」C00811 東北大学史料館所蔵

3 1959『東北大学一覧 自昭和24年度至昭和33年度』東北大学史料館所蔵

4 1966『東北大学要覧 昭和41年』東北大学史料館所蔵

5 1964『東北大学学報』第647号 東北大学史料館所蔵

6 1974『東北大学要覧 昭和48年度 付東北大学医療技術短期大学部』東北大学史料館所蔵

[第3章―第1節]

1・2・3・4・5・6・7・8・9 東北大学大学院文学研究科考古学研究室所蔵

[第3章―第2節]

1・3・6・10 筆者撮影

2・4・5・7・8・9・12・13・14・15・16・17・18・19・20・21 東北大学大学院工学研究科都市・建築学専攻所蔵

11 1939『国際建築』二月号

[COLUMN2]

図1 2017「旧東北帝国大学附属図書館閲覧室(現：東北大学史料館)」東北大学史料館所蔵

図2 1924頃『旧東北帝国大学附属図書館閲覧室建築図面』東北大学史料館所蔵

執筆者・作成者紹介──［＊］は編著者

野村 俊一（のむら しゅんいち）［＊］ 1975年生まれ／東北大学大学院工学研究科 准教授／日本建築史、文化財学

主要論著

- 「片平丁・南六軒丁の高等教育機関と東北学院旧宣教師館」（『東北学院史資料センター年報』6号、2021）
- 「デフォレスト館の創建と明治期の履歴」（『日本建築学会計画系論文集』80（707）、2015）
- 『デフォレスト館建造物調査報告書』（編著）（東北学院、2014）
- 『建築遺産 保存と再生の思考──災害・空間・歴史』（共編著）（東北大学出版会、2012）

加藤 諭（かとう さとし）［＊］ 1978年生まれ／東北大学学術資源研究公開センター史料館 准教授／日本近現代史、アーカイブズ学

主要論著

- 『近鉄・南海の経営史研究─兼業をめぐって─』（廣田誠、山田雄久、加藤 諭、嶋理人、谷内正往、五絃舎、2021年）
- 『帝国大学における研究者の知的基盤 東北帝国大学を中心として』（吉葉恭行、加藤諭、本村昌文編、こぶし書房、2020年）
- 『大学アーカイブズの成立と展開 ─公文書管理と国立大学─』（吉川弘文館、2019年）
- 『戦前期日本における百貨店』（清文堂出版、2019年）

菅野 智則（かんの とものり）［＊］ 1976年生まれ／東北大学埋蔵文化財調査室 特任准教授／考古学

主要論著

- 「全国遺跡報告総覧の課題と展開」（国立文化財機構奈良文化財研究所編『デジタル技術による文化財情報の記録と利活用3』国立文化財機構奈良文化財研究所、2021年）
- 「東日本の縄文文化」（山田康弘・国立歴史民俗博物館編『縄文時代 その枠組・文化・社会をどう捉えるか？』吉川弘文館、2017年）
- 「東北縄文集落の姿」（阿子島香編『北の原始時代』東北の古代史1吉川弘文館、2015年）
- 「遺跡資料リポジトリと震災復興支援」（永井伸と共著『宮城考古学』15、2013年）

鹿又 喜隆（かのまたよしたか） 1973年生まれ／東北大学大学院文学研究科 教授／先史考古学

主要論著
- 「北東ユーラシアにおける人類の最寒冷期への適応」『寒冷アジアの文化生態史』（高倉浩樹編、古今書院、2018）
- 「石器をめぐる技術組織」『理論考古学の実践』（安斎正人編、同成社、2017）
- 「三 地球温暖化と縄文的適応へ」『東北の古代史1 北の縄文時代』（阿子島香編、吉川弘文館、2015）

田村 光平（たむらこうへい） 1985年生まれ／東北大学学際科学フロンティア研究所 助教／人類学

主要論著
- 『文化進化の数理』（森北出版、2020年）
- Quantifying cultural macro-evolution: a case study of the hinoeuma fertility drop (Kohei Tamura, Yasuo Ihara, Evolution and Human Behavior 38, 2017年)
- Win-stay lose-shift strategy in formation changes in football (Kohei Tamura, Naoki Masuda, EPJ Data Science 4, 2015年)
- Evolution of individual versus social learning on social networks (Kohei Tamura, Yutaka Kobayashi, Yasuo Ihara, Journal of Royal Society Interface 12, 2015年)

小貫 勅子（おぬきときこ） 1974年生まれ／東北大学キャンパスデザイン室 特任講師

主要論著・業績
- 『まちのようにキャンパスをつくりキャンパスのようにまちをつかう』（共著）（日本建築学会、2020年）
- 『いまからのキャンパスづくり』（共著）（日本建築学会、2011年）
- 東北大学青葉山新キャンパス マスタープラン作成および実施計画等（2005年～）
- 東北大学キャンパス マスタープラン作成および実施計画等（2005年～）

学徒仙台の近代——高等教育機関とその建築

Modern Sendai: Institutions of Higher Education and Their Architecture

2022年3月15日 初版第1刷発行

編者:

野村 俊一/加藤 諭/菅野 智則

発行者:

関内 隆

発行所:

東北大学出版会

〒980-8577 仙台市青葉区片平2-1-1

Tel: 022-214-2777/Fax: 022-214-2778/https://www.tups.jp/E-mail: info@tups.jp

印刷:

株式会社グラフィック

〒612-8395 京都市伏見区下鳥羽東芹川町33/Tel: 050-2018-0707

ISBN978-4-86163-377-5 C3021

定価は表紙に表示してあります。乱丁、落丁はおとりかえします。